U0029672

哲學家皇帝在艱難時刻依然自信堅定的心靈思索

# 沉思錄
# 自我對話的力量

超訳
自省録
よりよく生きる
Meditations

馬可斯
奧理略
安東尼努斯
—
著

佐藤賢一
—
編譯

楊明綺
—
譯

方舟文化

# 目錄
CONTENTS



## I 活在當下

## II 喜迎命運

## III 保持強大的精神力

## IV 拋卻執念

## V 懂得示弱，尋求他人的協助

## VI 別被別人玩弄於股掌之間

## VII 將每一天都視為最後一天來過

## VIII 在屬於自己的這條路上，勇往直前吧！

## IX 思考死亡這件事

# 前言

## 羅馬帝國皇帝奧理略與《沉思錄》

馬可斯・奧理略・安東尼努斯（後統一簡稱為奧理略）是出生於西元二世紀的羅馬帝國皇帝，而這本《沉思錄》是日理萬機的他於就寢前書寫的「冥想筆記」，亦被尊為斯多噶派[1]的最後一位哲學家。

## 身為一國之君的奧理略

身為第十六任羅馬皇帝的奧理略（西元一二一～一八〇年），也是「五賢帝」的最後一位。五賢帝是指涅爾瓦、圖拉真、哈德良、安東尼努斯・庇烏斯、馬可斯・奧理略・安東尼努斯。每一位都是施政清明、深受臣民愛戴，在他們的帶領下，締造出經濟繁榮、富國強兵的羅馬帝國黃金時代。[2]

據研究推測，在奧理略掌政下的（西元前二十五年）羅馬帝國人口約達六千萬人。馬可斯・奧理略・安東尼努斯的前前一任皇帝哈德良時代，首都羅馬[3]的人口高達一百萬人，不難想像身為最高領導者，立於頂峰的羅馬皇帝背負著多麼艱鉅的重責。

對於當時的羅馬市民來說，最享受的娛樂活動就是「格鬥士」（Gladiator）競技[4]。身為皇帝的奧理略必須出席觀戰；他卻一邊觀戰，一邊批閱公文，此舉令市民議論紛紛，足見這位皇帝多麼勤政。

身為最後一位賢帝的奧理略於三十九歲那年登基，已過了全盛時期的羅馬帝國開始衰退。洪水、大地震等天災不斷，加上從戰場歸來的士兵帶回來的傳染病（據研究推測應是天花）蔓延開來，以及與東方大國帕提亞王國[5]之間的戰爭、北方蠻族日爾曼人入侵[6]，還有駐守敘利亞巴勒斯坦行省[7]，深受信賴的將軍叛亂等，種種問題紛至沓來。

奧理略除了四處奔走，解決接踵而來的問題，從早到晚忙於政務之外，面對來自北方日爾曼民族的侵略，他也沒有絲毫懈怠，始終親力親為。其實他一直想當個哲學家，可說是個十足的和平愛好者，無奈五十歲之後的十年之間幾乎都在征戰沙場；但他並未上陣殺敵，而是以最高領導者的身分「坐鎮現場」，鼓舞士氣，足見他是個誠實又認真的人。

他在駐紮於多瑙河畔[8]的軍營中，持續不輟地書寫這本《沉思錄》；最終不幸於較馬勞頓的情況下病歿軍營，享年五十九歲。

山崎麻里的漫畫作品《羅馬浴場》曾翻拍成人氣電影（由男星阿部寬主演），那位醉心於哲學的青年正是奧理略。書裡的他是個尚未蓄鬍，雙目清澄，名叫盧修斯的年輕人（虛構人物），故事的時代背景則是設定於哈德良在位時期。

好萊塢電影《神鬼戰士》中，則有一幕是李察・哈里斯（Richard St. John Harris）飾演晚年的奧理略，於軍營中就著油燈冥想，書寫《沉思錄》的情景。

雖說無論是《羅馬浴場》還是《神鬼戰士》皆為虛構故事，因此在角色設定上與實際人物總會有些差異，但還是多少可以讓大家了解到奧理略就是一位這麼認真的人。

## 關於《沉思錄》的作者奧理略

《沉思錄》的原文是希臘文「Ta eis heauton」，亦即「寫給自己」的意思，所以這是一本為自己而寫的「冥想筆記」，也是一本私人著作。然而，不管書名是否為奧理略所題，還是全書十二卷是何時所定等，皆不清楚。再者，這本冥想筆記如何流傳至今也是待解的謎。

對於當時的羅馬帝國統治階級而言，位於其管轄區域巴爾幹半島上的希臘是教養的濫觴之地，希臘語也是必學的語言；這和明治時代前期，日本人都會學習漢語的意思是一樣的[9]。奧理略除了從小學習母語拉丁文之外，也學習希臘文等各方面的教育[10]。

就某種意思來說，這位賢帝明君白天生活在拉丁文世界，晚上則沉浸於希臘文世界，過著「雙語言」生活。前者是他基於「一國之君」，必須用拉丁文處理政務，後者則是以希臘文省思「真正的自己」；畢竟古希臘是哲學的濫觴之地，所以用希臘文表達哲學觀自然較為妥切。由此可見，這位一代明君一生遊走於迥異的兩個世界。

這本著作在英語系國家的書名多是「Meditations」。「Meditations」的意思是「冥想」，奧理略的確於早晚冥想、自我省思，並記下就寢前藉由冥想與自我的對話。文中的「你」其實是「自己」對「自己」的稱呼，也可以視為追求「理想」的青年奧理略，斥責深為「現實」所苦的中年自己。

這位一代明君不只冥想，也著重「書寫」，不僅奧理略如此，也是愛比克泰德（西元五〇～一三五年，希臘哲學家）[11]、塞內卡（西元前一年～六五年，羅馬政治家）[12]等斯多噶派哲學家的共通點，他們認為「書寫」是一種精神修行（spiritual exercise）。

就某種意思來說，「書寫」也是一種輸出；關於這一點，容後詳述。

## 現代人也很有共鳴的哲理

對於「哲學」敬而遠之的人來說，我覺得斯多噶派的哲學相較下其實沒那麼艱澀難懂。怎麼說呢？因為只要試著閱讀，就會覺得闡述的哲理連現代人也很有共鳴。

斯多噶派強調「萬事萬物瞬息萬變」（＝無常）以及「萬事萬物皆有關聯」（＝緣起）的哲理，可說與佛教思想不謀而合；也與禪宗、得道高僧倡導的「正念」（mindfulness）以及道教的老莊思想相通，甚至與現今的宇宙觀也有關聯。當然，也能從中窺見坦然接受人生的思想。

另外，因為奧理略身處的時代，基督教尚未被認可[13]，所以《沉思錄》絲毫沒受到基督教的影響。也就是說，斯多噶派的哲學是基督教廣為世人接納之前的「實踐哲學」；由此可見，對於基督徒而言，斯多葛派的「實踐哲學」十分實用，《沉思錄》也才能在西歐基督教世界流傳。

## 「實踐哲學」成為身處動盪時代，迷惘世人的指南針

《沉思錄》在西歐世界原本是透過手抄本方式私下流傳，直到十六世紀中葉，瑞士蘇黎世出版希臘文與拉丁文的對譯版本，才正式受到世人關注。時局動盪的十七世紀，包括《沉思錄》在內的斯多噶派哲學以「新斯多噶主義」之姿再度活躍。

像是十七世紀瑞典的克莉絲汀娜女王[14]、十八世紀普魯士王國的腓特烈二世[15]都將《沉思錄》作為枕邊書。克莉絲汀娜女王曾邀請法國哲學家笛卡兒[16]訪問瑞典，期勉自己成為柏拉圖所說的「哲學家皇帝」[17]，並促使《西發里亞和約》（西元一六四八年）順利訂立，結束犧牲眾多基督教徒性命的「宗教戰爭」[18]，具有莫大貢獻。身為專制君主，亦是軍事天才的腓特烈二世則是將《沉思錄》放進自己愛駒身上的馬鞍包，隨身帶著赴沙場。

十九世紀「工業革命」後，正值世人物欲鼎盛時期，不僅是奧理略的哲思，斯多噶派亦不再受到世人青睞；然而，當進入局勢動盪的一九七〇年代後，《沉思錄》卻再次成為熱門書，因為人們發現斯多噶派的實踐哲學能為深處混沌世代，迷惘世人指引一條明路。

愛讀《沉思錄》的名人還有南非前總理曼德拉、美國前總統柯林頓、曾擔任川普政府的國防部長、前海軍高階將領馬提斯（二〇一八年十二月卸任）等。從他們面對政壇、個人進退的態度，便能明白《沉思錄》一書的影響至深，無遠弗屆。

據說因為力抗種族問題而入獄的南非前總理曼德拉在獄中反覆熟讀《沉思錄》[19]。蹲了二十七年苦牢的他終於出獄，當選南非總理時，選擇放下仇恨的他了解和解有多麼重要，遂致力於化解種族問題，帶領南非向前邁進。

美國前總統柯林頓卸任後，曾在訪談時提及自己每年一定都會閱讀一遍《沉思錄》。就連素有「瘋狗」、「軍事修道士」之稱的前美國國防部長馬提斯在執行波斯灣、伊拉克反恐任務時，也隨身帶著這本書。

根據美國暢銷作家，也是媒體策略專家萊恩·霍利得（Ryan Holiday）所言，隨著斯多噶派哲學盛行與普及化，不少矽谷的新創企業家、運動選手都成了斯多噶派哲學的奉行者。不受他人左右，擁有堅定的自我信念，能夠克制自我，朝向目標前行，這就是斯多噶派哲學主張的生存之道。

## 「書寫」不但是精神修行，也是一種「療法」

《沉思錄》是實踐「書寫」這項精神修行。就寢前藉由冥想，回顧自己一天的所作所為，在心裡自問自答，然後寫下一些自我警惕、激勵的話語。只要熟讀本書，便能明白這樣的過程其實也是一種「自我療癒」。

透過自我對話、書寫日記等方式，傾吐心中的想法，可說是一種心靈排毒，增進心靈健康。寫完後便能安心就寢，隔天早上醒來又能充滿活力地專心工作。這就是奧理略每天的生活寫照。

當你閱讀本文時，或許會發現相似的內容一再出現，或換個說法再次表現。之所以不少內容相似，意味著作者表明決心的同時，也不斷提醒自己必須有所改變。當然，應該也有不少讀者覺得內容過於嚴苛；但現實生活中就算表明決心，也很難具體實踐的例子屢見不鮮，不是嗎？

非常遺憾地，深受百姓愛戴的奧理略身歿後，繼位登基的長男康莫德斯[20]卻是個暴君。康莫德斯之所以成為獨裁暴君，是因為他的親姐姐派人暗殺他，致使他變得更加殘暴、猜忌心重。有別於奧理略予人一代賢帝明君的形象，可惜他的親生子女並未承繼良善的人格特質。

換句話說，奧理略雖有「哲學家皇帝」的美稱，但絕非聖人君子，也是有血有肉的平凡人。因此，這本書不應該被視為聖人教諭的聖書，而是聆聽身為凡人的奧理略的心聲；是本跨越二千多年的時間隔閡，依舊深深影響現今社會的人們的思考之書。

# 關於本書的編譯方針

本書是從原書四百八十七篇長短不一的文章中，精選能讓現代社會人們有所共鳴的二百三十一篇文章，加以編譯。此外，為了更能充分表達原文的意思與精神，會適度增補與刪減。由衷感謝作為參考文獻的日語翻譯版本與英語翻譯版本。

本書精選的文章都是盡量收錄完整的原文內容，不過有別於原文的書寫風格，每則文章之前會有提示內容要點的「小標」。

希望各位在閱讀時，不妨試試「書寫修行」的療效。透過輸出這行為，不僅能整理、沉澱思緒，也能激發迎接明日的活力。正因為「人生苦短，世事無常」，不該沉溺過往，也不該一味冀望未來，「活在當下」才是最重要的，這也是本書的主旨。

接下來，就請各位閱讀奧理略寫給自己的話語吧。隨手翻開哪一頁開始閱讀都可以，也請試著自問自答，向自己喊話吧。內文中最後括號內表示第幾卷、第幾章，例：（4－1）即第四卷、第一章。

**二〇一九年　佐藤賢一**

## 註釋

1 斯多噶學派（The Stoic School）主張順從出於自然本性的理性，節制欲望修養德性以求人生幸福。

2 西元前九十六年至西元一八〇年間，羅馬帝國陸續出現幾位賢能的皇帝，他們「傳賢不傳子」，也有人稱為「養子繼承制」，即領養家族外的賢者作為繼承人。惟最後一位皇帝馬可斯・奧里略・安東尼努斯將帝位傳給自己的兒子康莫德斯。

3 當時的羅馬無論在地理空間或政治地位上，都是羅馬帝國的中心，並擁有舉世聞名的城市科技，例如：有效率的給水和排水系統、完整的道路網絡等。

4 古羅馬競技場上的鬥士，主要是囚犯或奴隸，在競技場上廝殺，以提供為其他人觀看娛樂。

5 在現今伊朗地區，由遊牧民族所建立的帝國，善騎射。因創立者阿薩息斯之名的音譯，在中國兩漢的史書上被記載為「安息國」。

6 日耳曼人原居於波羅的海、北海沿岸，西元前六～五世紀時，開始有一批批移民向外尋求新天地。一批往東到現今波蘭境內，一批往西深入今法國境內。日耳曼人大批向外移居的時間點，也正是羅馬帝國擴張版圖的時候，邊境的衝突時有所聞。

7 原為猶太行省。西元一三二年，猶太人起義，但遭到羅馬軍隊的鎮壓。西元一三五年，羅馬將猶太人驅逐出境，並將該地重新命名為「巴勒斯坦」，並與敘利亞合併為敘利亞巴勒斯坦行省。

8 羅馬帝國為防範日耳曼民族的武裝移民（帝國視為「入侵」），在萊茵河、多瑙河沿岸建築防禦工事，並派兵駐守，邊牆包括多座堡壘和瞭望塔，以此穩固帝國邊界。

9 漢字從中國傳入日本的時間未有定論，但一般認為與西元五～七世紀佛經的傳播有關。古代日本的文言文多用漢字，直到十九世紀明治維新期間，對日文漢字有了改革和廢止與否的爭議。

10 羅馬帝國的官方語言是拉丁文，但帝國後期，東部受到希臘語和希臘文化的影響日深，當時上流社會的語言、宗教、科學、藝術等領域大多使用希臘語。帝國分裂為東、西帝國之後，希臘語成為東羅馬國的官方語言。隨著羅馬帝國的滅亡，拉丁文逐漸式微，終至消亡。

11 奴隸出身的哲學家，他的學生阿利安將其思想編纂成《語錄》（Discourses）和《手冊》（Enchiridion）。

12 政治家、哲學家，曾任羅馬皇帝尼祿的教師和顧問。

13 西元三一三年，君士坦丁頒布敕令，基督教始成為羅馬帝國內合法宗教。

14 克莉絲汀娜女王致力將瑞典斯德哥爾摩打造為「北方的雅典」，積極推動文化、藝術、教育的發展，有「北方的密涅瓦（智慧女神之意）」的美譽。

15 史稱「腓特烈大帝」，是歐洲「開明專制」君主的代表人物之一，統治期間開啟了德意志的啟蒙運動。

16 十七世紀法國著名哲學家、物理學家、數學家，提出以邏輯推理的「演繹法」，理性主義的代表人物，留下名言「我思故我在」。

17 希臘哲學家柏拉圖在對話錄《理想國》中指出，理想共和國的君王應該是兼具仁慈、理性、智慧，熱愛真理的「哲學家皇帝」。

18 此「宗教戰爭」指的是從神聖羅馬帝國內戰演變成歐洲主要國家大規模參戰的「三十年戰爭」（西元一六一八～一六四八年）。長年戰爭下，各國財政耗竭，人民死傷慘烈，最終各國議定《西發里亞和約》，平息戰事。此和約也被視為確立現代主權國家的里程碑。

19 曼德拉出版《曼德拉：與自己對話》一書，收錄他在獄中二十七年寫給自己和親密友人私人書信，以及他在各種場合記下對於事件的思考、對話。形式上脫胎自奧理略的《沉思錄》。

20 康莫德斯（西元一六一～一九二年），羅馬帝國第十八任皇帝，殘暴嗜血，喜歡親自參加格鬥士競技賽。

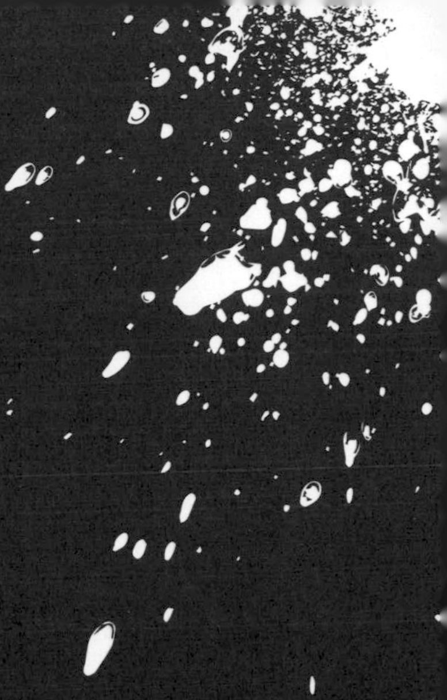

# 人 I 活在當下

沒有什麼是恆常不變，一切都在轉瞬之間。
我們能把握的就是「現在」這個短暫的時光，
憂慮過去或未來都沒有意義。

001

# 時光稍縱即逝，一去不復返

請你試著回想吧。自己處理事情是否拖拖拉拉？就算得到天大機會也沒有即時把握，是吧？

你是否應該有所自覺？領悟身為浩瀚宇宙一小部分的你擁有多少力量。

正因為你被賦予的時間有限，更該抓緊，驅散渾沌思緒，迎向光芒。畢竟時光稍縱即逝，一去不復返。

（2－4）

002

# 人

## 每件事都是人生最後一件工作

無論是哪個瞬間，都要認真、不虛假地對待眼下發生的事情。秉持包容、自動自發、抱持正義感，不受枝微末節之事煩擾，像面對人生最後一件工作似地看待每件事；拋卻嫌惡、自私以及偽善，不要怨天尤人。

要想過著充實、平和虔敬的人生，就要懂得見微知著，懂得滿足；如同神一般，因為神對人的要求也不過如此。

（2－5）

003

人

## 你失去的，只是「現在」這瞬間

即便你能活到三千年，不，甚至三萬年，也要記住自己失去的只有現在的生活。因此，無論生命長短都是一樣的。

對於任何人來說，「現在」都是一樣的，所以每個人都會失去「現在」；失去的只是「現在」這瞬間，並不是丟失過去，也沒有失去未來。

如果一個人什麼都沒有，別人又如何從他身上奪走什麼呢？

（2—14）

## 004

## 人

# 只有「現在」這個短暫時光最重要

每個人所能把握的只有「現在」這個短暫時光，所以只能堅守這個短暫時光，其他一切很容易淡忘。除此以外的人生，不是已經逝去的過往，就是還不確定的未來。

人生短短數十載，任誰都只是活在世界的一小處地方，況且死後就連自己的事也不記得，所以即便是再怎麼顯赫的人物也會遭世人遺忘。

（3—10）

005

人

## 時光猶如滔滔江水

時光猶如滔滔江水。萬事萬物不斷迸出的同時，也會逐一化為濁流逝去；往往才剛冒出頭，馬上就被取代，並且一再重演。

（4－43）

006

人

## 一切不過是轉瞬之間的事

仔細想想，無論是眼前的事，還是今後才會發生的事，都是一轉眼就消失的事。

世間萬事萬物有如奔騰的河川，總是不斷變化；也會因為各種原因，產生無限多變化，幾乎沒有什麼事物是恆常不變的，而且有個包括過去與未來的無限深淵會吞歿近在咫尺的事。

明明一切只是轉瞬之間的事，你還為它如此得意、煩惱、飽受煎熬，不覺得自己很愚蠢嗎？

（5—23）

007

# 入

## 不知不覺中，成了過去

有些事來得急，有些事去得快；活著的同時，也意味著一部分已然消失，猶如時間不斷更迭，躍動與變化不停更新這世界。

在這瞬息萬變的潮流中，又有什麼值得讓無法站穩腳步，只能隨波逐流的我們珍視呢？

這種感覺就像一個人愛上飛過眼前的麻雀，愛上的同時，麻雀也了無蹤影。

（6－15）

008

人

# 自己能夠操控的，只有現在

我們是由渺小的肉體與靈魂構成。對於這副渺小的肉體來說，所有事物都不具意義，也沒有區別，因為肉體無法辨別其中的差異。

對於心靈而言，只要是與心靈有關的活動都有意義，也會受心靈控制。但心靈無法操控未來與過去，只能操控現在，因此對現在的心靈狀況來說，憂慮過去或未來都毫無意義。

（6－32）

009

入

## 滿足於現況

你能做到的事就是無論何時何地，都能抱持虔敬的心，滿足於現況，也能公正地對待周遭的人。千萬別讓那些未經深思熟慮的事情潛入自己的思緒，做出任何輕率的決定。

（7—54）

010

人

## 別讓煩惱攪亂你的思維

不要被一路走來的人生，以及今後要面對的人生攪亂你的思維；也不要杞人憂天地想著自己將會遭遇到什麼煩惱與困難。

只要在遇到問題時，問問自己：「有什麼是我不能承受的事？」因為人往往不敢承認自己無法承受的事。

然後，試著這麼想——

「未來與過往都無法傷害我，只有現在能壓迫我的心，只要明白這一點，就能將傷害減到最低。如果我連這種事都無法承受的話，那不是應該怪我自己嗎？」

（8—36）

011

人

# 人生，有如過眼雲煙

其實你可以清理掉心中無謂的煩惱與雜念，因為這些東西都源自你的思維。

如果你做得到以下這些事，便能為自己掙得更廣闊的空間。

首先，思考整個宇宙，並思索時間的永恆。

這一切的變化是如此地迅速，一個人由生到死又是多麼地短暫，生前、死後的時間與空間又是如何無限延伸。

（9－32）

012

入

## 無論有形無形，都有消失的一天

無論是有形的東西，還是無形的記憶，這世上所有東西都有消失的一天。尤其是能用五感捕捉的事物，或是以快樂為誘餌，或因痛苦而驚懼的事物，或是自尊心的扭曲等，一切的一切終將消失。

以我們的理智可以理解的這些東西，都是多麼愚蠢、鄙夷、骯髒，且容易腐壞。（2－12）

013

入

## 現在的一切，將成為未來新事物的種子

不斷觀察因為變化而催生出來的事物，你會發現，大自然會改變已經存在的事物，並且創造出相似的事物。

明明現在的一切，都將成為未來新事物的種子，但你卻只想著尚未萌芽的未來，這樣的想法不是很膚淺嗎？

（4－36）

014

人

# 不會變化的東西，無法發揮效用

有人害怕改變嗎？要是沒有改變的話，又會發生什麼事呢？對於宇宙、大自然而言，還有比變化更讓人雀躍、更符合本性的事嗎？

要是燃料不產生變化，我們就沒有熱水可洗澡，不是嗎？要是食物不發生變化，我們就無法從中吸收營養，不是嗎？任何事物要是不變化，便無法發揮效用。

難道你還不明白，自己也需要像宇宙、大自然一樣，適時改變嗎？

（7－18）

015

## 改變是再自然不過的事

其實，失去是一種改變。大自然因為改變而快樂，讓依循它的萬事萬物都能順利運作，而且從亙古以來就是如此，未來也將如此。

那麼，你還想說什麼呢？

「所有事物總是朝向不好的方向發展，今後肯定也是這樣吧。說穿了，眾神根本沒有顯現改善這一切的力量，所以這世界總是囚縛於惡的宿命中。」

為何你會這麼認為呢？

（9—35）

016

入

## 世上沒有什麼全新的事物

何謂「惡」？就是你經常觸目所及的事物。

你要牢記身邊發生的一切，就是「你經常看到的事物」。

不管你往哪個方向看，一定會看到相同的事物。

從古至今，歷史上不乏可以驗證這說法的事例；而這些惡也存在於現今都市的某處，或是某個家庭。

世上沒有什麼全新的事物，即使全是你熟知的，也無法長久存在。

（7－1）

# 017

# 人

## 了解過去，就能預見未來

細細回首過往，就能仔細思考未來，思索權力的幾番更迭。

了解過去，還能預見未來，因為現在的所有事物都會在未來呈現，不可能偏離原本的軌道，所以觀察四十年的人類生活，和一萬年的人類生活，兩者並沒有太大變化。

除此之外，你還看到什麼？

（7－49）

018

# 歷史會重演

常常思考眼前的一切為何是這模樣，想想它們過去的樣子，也想想它們未來的樣子。

試著回想那些情節大同小異的戲劇或舞臺劇，從這些戲劇作品中了解到的東西，其實和從過往歷史學到的東西並無二致。

譬如，自己聽聞過的哈德良帝國*、安東尼努斯・庇烏斯帝國，以及從史書了解到的腓力二世*，還有他的兒子亞歷山大掌管的帝國，古希臘的克羅伊斯帝國*。

過往種種就像現在看到的戲劇情節，只是主角換人罷了。

（10－27）

*五賢時代的其中一位皇帝，在位期間西元一一七年～一三八年。

*馬其頓國王，為亞歷山大拓展帝國版圖奠下軍事基礎的奠基者。

*克羅伊斯是呂底亞王國的最後一位君王。從古希臘延續至今的西方諺語，「克羅伊斯」可代稱為富有的象徵。

019

# 對於宇宙的一切有所共鳴

無論是井然有序的空間，還是混沌狀態，怎麼想、怎麼看都是宇宙。

你是否能在心裡有著某種秩序的狀態下，仍安然處於失序的「萬物」中呢？

縱使萬物都被隔離、分散，期盼你依然對於宇宙的一切有所共鳴。

（4－27）

020

人

## 所有事情都互有關連

每一件事情都是環環相扣，互有關連；這一連串的事情並非單獨發生，而是具有邏輯性的結合。

就像一切事物都被安排得井然有序般，這些事物不只是連續產生，而是有著令人詫異的連結關係。

（4—45）

021

人

# 每個人都在用自己的方式努力，並彼此配合

其實我們都在朝同一個目標努力，只是有些人清楚自己要做什麼，有些人卻不曉得自己該怎麼做。

每個人都在用自己的方式努力，並彼此配合。有些人會批評、反對與阻撓，也有無意識地配合別人做事的人，但這些全都是宇宙需要的人。

（6－42）

太陽是否承擔了雨的工作？醫神埃斯庫拉庇馬斯*是否承擔了豐饒女神狄蜜特*的工作？夜空中閃耀的每顆星辰都不一樣，卻也朝著同一個目標而努力，不是嗎？

（6－43）

*形象為一位蓄著鬍鬚，手持蛇杖的中年男子，希臘神話稱為「阿斯克勒庇俄斯」。

*掌管穀物成熟、農業方面的女神。

022

入

# 宇宙的一切都有關連

你應該經常思考一件事，那就是宇宙的一切都有關連、相互聯繫。就某種意思來說，所有事物都是相互牽連，從而產生友好關係。

宇宙中存在著收縮與膨脹這兩種完全相反的作用，也有各種共振現象。這種物質的統一性促使事物接連不斷地依序發生。（6—38）

023

人

## 雖然人生短暫，世代還是會不斷交替

對於已經參悟真理的人來說，即便是簡短的一句話，也能讓自己不陷入悲傷與恐懼的深淵。好比詩人荷馬*說過的這句話：

「人的一生猶如被風吹落的葉子。」

你的兒女也是葉子，那些大聲讚美你的人，那些喜歡成為矚目焦點的人，還有那些咒罵別人、背地裡詆毀別人、嘲笑別人的人都是葉子，以及那些承繼某個人名聲的人也是葉子。

一如詩人荷馬所言：「春天一到，又萌芽新生。」樹木長出新葉，取代被風吹落的葉子。

總之，生命短暫、轉瞬即逝是萬物的宿命。你不久也會闔眼，告別人世；而替你處理後事的人也會成為別人悼念的對象。

（10—34）

*古希臘的吟遊詩人。此文摘自《伊里亞德》第六卷。

II

# 喜迎命運

接受命運的一切安排，
不用批評，也無須抱怨，
試著用俯瞰的角度來觀察世事，
順應本性而活吧！

024

ϵ

# 喜迎命運帶來的一切

人有身體、靈魂與知性；身體與感覺有關，靈魂與欲求有關，知性則是與智慧有關。

動物是單憑外表來了解事物；野獸則是被操控欲望的線所支配；即便是無神論者、背叛國家的人，還有背地裡壞事做盡的傢伙，也有引導自己做出對自身有利的智慧。

倘若上述說法也適用於一般人，那麼對於好人來說，什麼才是他們獨一無二的特質呢？

那就是好人會喜迎命運帶來的一切。不以錯誤的信念玷汙「純粹的心靈」、不會胡思亂想、不撒謊、不行不義之事，忠實保有「純粹的心靈」。即使別人不認同這般儉樸、謙恭、知足的生活，他也不會氣憤。

（3—16）

025

# 一切都是宇宙的安排

你看到那些事了嗎？那麼，再看看這些吧。

千萬別自尋煩惱，凡事力求簡單明快就對了。

有人做錯事？別擔心，他犯的錯只會影響自己。還是你因為他犯下的錯而受到影響？

你聽好。其實活著這件事，從頭到尾都是宇宙的安排，都是宿命。只能說人生苦短，你能做的就是秉持理性與正義，即便放鬆休息時，也要告訴自己保持頭腦清醒。

（4－26）

026

Є

## 命運好比一張人生處方箋

宇宙整體就是一種協調；就像所有物體組合成莫大的宇宙，所有原因也會構成一個偌大的原因。

再怎麼愚昧無知的人，也能明白我的意思。也就是說，「這一切都是命運帶來的」，亦即這是命運開的一張處方箋。我們只是聽從醫囑，接受這張處方箋。

誠如「良藥苦口」，只要喝了對的藥就能改善健康狀況，即使苦，也請坦然接受吧。

（5－8）

027

# 一切都是亙古以來就注定的

你遭遇的任何事，都是亙古以來就注定的。各種原因讓你的存在以及你遭遇到的事情彼此交織。

（10—5）

028

ϵ

## 主動接受命運安排的一切

不妨試著想像：凡事總愛怨天尤人的傢伙，就像獻給神的牲禮——死前被利刃刺殺，不停掙扎哀嚎的豬。

躺在床上哀嘆命運像是枷鎖，囚縛自己的人也有如牲禮。

唯有具理性的動物，也就是人，才會主動接受命運安排的一切，其他生物只會盲從。

（10—28）

029

Є

# 自然發生的一切都很美

不只自然發生的東西，伴隨自然發生的一切也能使人心生愉悅，富有魅力。譬如，麵包出爐時，表面會有一些裂縫，也許這些裂縫不是麵包師傅想看到的結果，但就某種意義來說，卻別具美感，令人垂涎三尺。

像是熟透的橄欖，在腐敗之前也會散發獨特的美。好比結實纍纍而低垂的麥穗，獅子的炯炯目光，野豬流下的唾沫等，雖然這些都稱不上絕美，但仔細觀察，就會發現它的獨特美感。為什麼呢？因為這些都是自然發生的東西，所以能散發獨特的美，讓人賞心悅目。

唯有了解自然有多美好的人，才懂得欣賞一般人看不出的「自然之美」。

（3－2）

030

## 世間發生的一切都不叫人意外

就像春天綻放的玫瑰，夏天結成的果實，世間發生的一切都是如此平常、熟悉，叫人一點也不意外。疾病、死亡、誹謗、背叛等，各種讓愚蠢之人歡喜、煩惱的事也是如此。

（4－44）

031

ϵ

## 不做違背本性的事

我只在乎一件事，那就是不管別人怎麼想，絕不做違背本性的事。就算有什麼捷徑可循，只要違背本性就不行；不管是將來，還是現在都是如此。

（7—20）

032

ε

## 順應本性而活

請想像你已經不在世上，人生只活到現在這一刻。
剩餘的人生，請順應本性而活。

（7—56）

033

ϵ

## 面對理所當然的事，無須訝異

看到無花果樹結出無花果而感到驚訝，是很羞恥的事；看到宇宙孕育豐饒萬物而感到詫異，也是很羞恥的事；要是醫生看到患者發燒，船長看到海上起風浪而深感驚訝，都是很羞恥的事。

（8—15）

034

# 每一件事都發生得理所當然

違背本性的事，不會發生在人類身上。同樣的，違背本性的事也不會發生在公牛、葡萄藤或小石頭身上。

明明世上每一件事都發生得理所當然，你又有什麼好抱怨的呢？你沒有理由抱怨，因為本性不會讓你經歷你承受不了的事。

（8—46）

035

϶

## 一切都是如此渺小、變幻無常

亞洲和歐洲只是宇宙的一隅，大海只是宇宙的一滴水，阿索斯山*也只是宇宙的一小塊土地；現在只是永恆中的一個時間點，一切是如此渺小、變幻無常，轉眼即逝。

（6—36）

*標高一九三五公尺的希臘高山。

036

ϵ

## 要以俯瞰之姿談論世事，觀察世事

你要以俯瞰之姿談論世事、觀察世事。

仔細觀察軍隊、農人、婚姻、協商、出生與死亡、喧囂的法院、無垠荒漠、住著各種蠻族的土地、節慶活動、喪禮、市集等，各種人群聚集之所，因為這些地方往往看來如此雜亂，卻又有其自成一格的秩序。

（7—48）

037

θ

## 批評是無意義的事

試著從高處俯瞰吧。

看看熙來攘往的人群，數不盡的日常，還有那些在風暴中或是平靜海面上航行，以及來到又離開世上的人們。再想想未開化民族、過往時代以及今後人類的生活。

許多人根本連你的名字都不知道，許多人早已忘掉你的名字，又有許多人不久前才口口聲聲地讚美你，不久又反過來批評你。死後留名，可說是毫無意義，批評與其他種種亦然。

（9—30）

038

Ⲉ

# 依循本性而活

你已經來日無多了，就像獨居山中般度過餘生吧。無論住在哪裡，哪怕是住在山頂，只要把全世界想成是自己居住的國家，那麼住在哪裡都一樣，不是嗎？

讓別人知道你依循本性而活吧。倘若他們無法容忍你的存在，寧可讓他們殺了你，也別和這些傢伙同流合汙。

（10—15）

039

ϵ

## 去除無謂的部分，看清事物的本質

試著逐一定義眼前遭逢的每件事，並具體描述。去除無謂的部分，才能看清事物的本質。試著了解事物的本質，才能分析事物本身，也才能分析構成事物的各個要素。

這麼一來，你就能理解其中真意。

（3－11）

040

# 如實看待一切事物

你要警惕自己，別和作惡之人抱持同樣的觀點，或是受對方影響。無論如何，如實看待一切事物才是最重要的。

（4－11）

041

ϵ

# 真正美麗的事物，不需要任何讚美

所有美麗的事物都是發自本質，不需要任何讚美來點綴。換言之，就算受到讚美，也不會因此變得更好或更壞。我想強調的是，世人眼中的「美麗事物」好比工藝、美術就是這麼回事。

真正美麗的事物只要包含法規、真理、慈悲和謙遜等幾項要素就行了。

試問，上述幾項因素會因為受到稱讚而變美嗎？或是因為遭受批判而破損不堪嗎？好比翡翠會因為得不到讚美，而失去耀眼光澤嗎？倘若換作是黃金、象牙、淡菜、豎琴、小刀、花兒和樹木，又會如何呢？

（4－20）

042

ϵ

## 看清事物的本質

看清事物的本質吧！別錯失任何事物的本質與價值。

（6－3）

043

# 別被事物的表象蒙蔽

餐桌上的山珍海味看在眼裡，不過是一條死魚、一隻鳥或一頭豬的屍體；甚至連昂貴的紅酒也僅僅只是葡萄汁罷了。

高官顯貴身上的紫色披風，也單單是用貝殼分泌的汁液浸染的羊毛；就連做愛，也不過是性器摩擦，伴隨痙攣而射精的行為而已。倘若用這樣的觀點看待事物，就會穿透事物的表象，直指核心，看清事物的本質。

同樣的，我們必須用這樣的觀點看待人生。

面對看似美好的事物，必須去除它的表象，仔細觀察它是否有什麼不足的部分，並褪去加諸其上的讚美之詞。為什麼呢？

因為這麼做，才不會判斷錯誤。當你愈是確信自己在做有意義的事，也愈容易被事物的表象蒙蔽。

（6—13）

044

3

# 人生就像汙垢

一聽到洗澡這字眼，就會聯想到一身的油、汗水與汙垢等，讓人噁心的東西。其實人生也是如此，你所看到的東西都像是待洗的汙垢。

（8－24）

045

## 看清事物共通點的本質

蜘蛛因為捕捉到蒼蠅而得意不已，人類因為獵到野兔、野豬、熊、撒網捕魚，而沾沾自喜。然而，他們的共通點不是與盜賊無異嗎？

（10—10）

046

Є

## 一切都是源於自己

思索事物除去表象後的赤裸狀態，並追溯為何變成這樣的原因。思考痛苦、快樂為何？思考死亡為何？名聲又為何？又是誰惹得自己如此心煩意亂？

你會發現，其實一切都是源於自己，自己就是始作俑者。

（12－8）

# III 保持強大的精神力

別人的惡行惡語無法影響我，人生的幸福，取決於自己。善與惡也不在於別人的感受，而在於自己的起心動念。不受他人左右的心，就是最堅實的堡壘。

047

# 靈魂會自我摧殘

人類的靈魂遇到以下這些情形時，會自我摧殘。

第一，當靈魂變成腫瘤或膿瘡時，就是在自我摧殘，因為遇到事情就抱怨的態度就是背離自然本性。我們活在世上就是自然的一部分。

第二，當你發怒時，靈魂也是在自我摧殘；或是背棄他人、危害他人時也是。

第三，當靈魂被快樂與痛苦牽制時，也會自我摧殘。

第四，偽裝自我、心口不一，做出不自然、不正當的言行時，靈魂也是在自我摧殘。

第五，漫無目的、衝動行事，還沾沾自喜的時候，靈魂也在自我摧殘。

因此，無論是多麼細瑣的事，都必須設定目標，堅定地朝目標前行。

（2－16）

048

# 再也沒有比「純粹的心靈」更重要的東西

倘若你在人生的某個時間點，發現比正義、正直、節制與勇氣更出類拔萃的東西，肯定是非常特別的東西，請你毫不猶豫地抱緊它，完全享受它。

如果找不到比自己的「純粹的心靈」更優秀的東西，那就捨棄其他事物，專心追求「純粹的心靈」吧。

「內在精神力」就是克制自身的欲求，不只審視各種想法，還要如同蘇格拉底*所言，不受感官所惑，追隨眾神，追求人類的幸福。

（3－6）

*古希臘哲學家，與柏拉圖、亞里斯多德並稱「希臘三哲」。

049

卌

## 保有純淨心靈

歷經各種磨練的純淨心靈不會有任何髒汙、膿瘡。

這種人絕對不會像戲還沒演完就退場的演員，人生徒留遺憾。這種人也沒有絲毫奴性與傲慢，總是秉持謙遜態度看待事物，既不會與社會疏離，更不會替自己找逃避的藉口。

（3－8）

050

# 思考力會比生命早一步喪失

日子一天天地過，讓人感嘆歲月飛逝；不僅如此，人類就算長命百歲，也無法充分理解這世界；隨著思考力愈來愈衰退，也就更無法理解神與人的一切。

身體老化不單是身體的靈活度、心肺功能、消化力逐漸衰退，就連想像力、明辨是非、分析事物等能力也會逐漸喪失。

因此，我們必須珍惜當下；因為在我們趨近死亡之前，理解與思考世事的能力早已蕩然無存。

（3—1）

051

門

## 心靈的僻靜小屋

許多人為了逃離繁雜的日常生活，選擇隱居田園、海邊或深山等僻靜處。其實這是頗為愚蠢的想法，為什麼呢？因為只要你想隱居，隨時都能隱居。

再也沒有比自己內心深處更寧靜，更能掙脫一切瑣事的地方了。好好凝視自我內心的同時，也能讓自己的思緒完全平靜下來。所謂心緒平靜，就是內心井然有序的意思，亦即內心擁有自己的心靈小屋，重新找回自我。

（4－3）

052

## 尊重理性

你擁有理性嗎？有。既然如此，為何不使用它？當理性運作時，你還奢求什麼呢？（4－13）

只要你謹守原則，崇敬理性；不到十天，那些將你視為野獸猿猴的傢伙，就會對你大幅改觀。（4－16）

053

# 思考自己的靈魂是什麼模樣

「你了解自己的靈魂是什麼模樣嗎？」

我常常這麼自問自答，並尋求答案。

「主宰內心的靈魂現在被什麼占據？又是什麼模樣？是個孩子？年輕人？弱者？暴君？還是家畜或是野獸的靈魂呢？」

（5－11）

054

## 𬼀

# 思考是為了形塑精神

你平常思考的事情會形塑你的精神，因為靈魂會染上思維的色彩。

那麼，就以一連串的思維來為靈魂染色吧。

比方說，只要人能夠存活的地方，就能好好生活；即便要生活在深宮內院，還是能順應環境，好好活著。

（5—16）

055

ㄇ

# 穿梭於兩個世界

如果你有繼母和生母，對繼母善盡責任的同時，也要不時陪陪生母。

對我來說，宮廷與哲學就像繼母和生母；不時回到身為生母的哲學身邊，放鬆一下吧。

如此，你才能接納、忍受宮廷的一切。

（6－12）

056

## 只有自己能讓自己振作

身體明明尚未屈服，靈魂卻先屈服是多麼可恥的事。

（6－29）

057

## 別讓外力汙染你的本性

請留心一件事，那就是別讓外力汙染你的本性，別淪為狂妄自大的君主，因為這種事經常發生。

期許自己永保樸質、善良、認真，不矯揉造作，愛好正義公理，崇敬神祇，親切待人，友愛和善，盡責又熱心，成為通曉哲理、實踐哲理的人。

人生何其短暫，敬神、助人，來這世上走一遭的收穫就是養成虔敬的態度，對社會有所貢獻。

（6－30）

058

## 挖掘內心深處的清泉

試著挖掘你心裡的那口清泉，那裡滿溢稱為「善」的泉水。

只要你不斷挖掘，泉水絕不會乾涸。

（7－59）

059

## 別讓自己心中的那口甘泉乾涸

好比有人站在井邊詛咒著從井裡不斷湧出清澈、甘甜的泉水；但就算他再怎麼詛咒，泉水依舊會汩汩湧出。哪怕是朝井裡丟髒泥、糞土，也會隨著水流去，泉水依舊保持潔淨。

那麼，你要如何讓自己不單只是一口井，還能有著永不乾涸的泉水呢？

你必須隨時提醒自己，親切、正直、謙遜待人。

（8－51）

060

## 痛苦與否，取決於靈魂

對身體來說，痛苦是一種惡，那放任身體對惡的感受如何呢？事實上我們大多無法這麼做，所以對靈魂而言，痛苦或許也是一種惡。

靈魂擁有讓心靈保持平靜的能力，也能不將痛苦視為惡。

因為任何判斷、意志、欲求與厭惡都源自內心。記住，惡永遠無法占滿內心。

（8－28）

061

## 人生幸福與否，端視自己而定

別人的自由意志與我無關，就像他的氣息與身體和我絲毫無關是一樣的道理。

雖說人是群體動物，但個人的意志力只能支配自己；若非如此，別人的惡行惡意便能恣意傷害我。

我的不幸並不取決於他人，人生幸福與否，端視自己而定。

（8—56）

062

# 墮落是讓人性敗壞的一種病

如果一個人生前從未嘗過欺騙、虛偽、豪奢、傲慢等滋味，真是再幸福不過了。不過，嘗遍這些滋味才嚥下最後一口氣也還算幸福吧。

難道你想深陷罪惡，而不願意傾聽內心的聲音嗎？難道你不想遠離墮落之人，以免自己也被荼毒嗎？

我們受到的汙染遠比我們想像的嚴重。墮落是一種疾病，而且是人傳人的疾病，可怕到足以讓人性敗壞的一種疾病。

（9－2）

063

## 善惡在於自己的起心動念

對於身為理性、社會性動物的人類而言，善惡不在於對方的感受，而在於自己的起心動念，美德與惡德皆然。

（9—16）

064

## 排除惡念與欲望

請不斷地對自己說這些話，來消除幻想吧。

「現在的我有能力不讓邪惡、欲望、煩亂入侵我的靈魂。我也能洞察所有事物，善用每件事物的價值。」

別忘了你擁有這項與生俱來的能力。

（8－29）

065

# 不要自尋煩惱

應該有讓你覺得痛苦的事物吧。
只要不去探究，就不會受其折磨。

（10－34）

066

## 不受他人左右的心，就是難以攻克的堡壘

請記得一件事，那就是當理性主宰、結集潛藏內心的力量，並能自我滿足時，你將變得所向無敵。

如此執著的頑固心態也能促使你變得強大，能讓你的心固若金湯。

不受他人左右的心，就是難以攻克的堡壘，再也沒有比這裡更安全、更適合藏身的地方了。沒發現有這麼一座堡壘的人，著實愚昧；知道卻不進去避難的人，人生只有不幸一詞。

（8－48）

067

## 唯有心靈健全，才能能應付各種情況

健康的眼睛應該能看見所有事物，不應該說：「我只想看到綠色的東西。」只有罹患眼疾的人才會這麼說。

健康的聽覺和嗅覺也是，應該能聽到、聞到所有能感受到的事物。健康的腸胃亦然，應該像石磨一樣磨碎食物，消化所有食物。因此，健全的心靈應該要能應付各種狀況。

倘若抱著「我只想護著自己的孩子」或是「想得到所有人的稱讚」這樣的心態，無疑與只看得見綠色東西的眼睛、只想吃軟爛食物的牙齒沒兩樣。

（10－35）

068

卂

## 肉體對精神而言，不過是道具

操控肉體這個玩偶的絲線是一股隱藏的力量，這股力量是活力、是生命，也就是我們自己。

當你反躬自省時，必須卸下罩住你的容器，也就是軀體，以及軀體上的器官等。

因為器官就像一把長在肉體上的斧頭。

一旦沒了驅使器官運作的目的，它就毫無用處可言。有如紡織機上的梭子、作家的筆桿、還有車伕手上的鞭子。

（10－38）

069

## 理性的靈魂總是富足

理性的靈魂特徵是分析自我、成為自己想要的模樣、享受自己結出來的果實，這一點就是我們有別於植物與動物的地方。

理性的靈魂還能促使我們達成目標。

好比舞蹈、演戲之類的表演行為一旦中斷，便成了一段不完美的過程；但思考不一樣，無論何時何地停下腳步，都是為了能讓我們臻於完美，理性的靈魂會告訴我們——「我已經擁有我應該擁有的東西」。

富足會使得我們學會觀察、思考一切事物的循環與重生，明白後世子孫或祖先所經歷的事、所看到的東西都不會比現在的我們多。

同樣的道理，有智慧的人即使隨著歲月增長，也不會再被事物的表象所困惑，因為他們會明白，古往今來的萬事萬物並沒有多大差異。

（11—1）

070

## 讓心紛亂的原因在於自己

無論是想追求什麼，還是想避開什麼，都會讓你心煩意亂、焦慮不安。然而，麻煩往往不是自己送上門，而是你自找的。

其實最好的方法就是轉移注意力，別再做什麼好壞評斷，也就不會再苦苦追求或是拚命想避開什麼。

（11—11）

# IV

# 拋卻執念

宇宙不斷地變化，人生則是一連串的執念。
只要拋卻執念，怨念和痛苦也隨之消失。
拂去執念，讓內心平靜吧！

071

3

# 接納別人的缺點，容許別人犯錯

一早醒來，我會告訴自己：「今天我會遇到愛管閒事、滿肚子壞水、傲慢無理、是非不明又無知的人。」

當然，我非常清楚善的美好，惡的醜陋，卻也明白作惡之人有著與我一樣的本性；也就是說，我們並沒有什麼不同。

因此，沒有人能傷害我，也沒有人能讓我陷入醜惡的紛爭；我也無須討厭他人，對他們發脾氣。

因為我們就像雙手雙腳、脣齒相依，原來就是要相互扶持，彼此猜忌、仇恨，都只是自尋煩惱罷了。

（2—1）

072

ω

# 不能以休息作為藉口，懶散度日

要是一大早又想懶床，就這麼告訴自己吧。

「明明我是為了盡身為人的職責而來到世上，為何還會有這麼多不滿呢？難不成我只想穿睡衣賴在被窩裡嗎？」

「可是賴在被窩裡很舒服……」

難道你是為了享樂而生嗎？不會想做些什麼、體驗什麼嗎？為何沒盡到身為人的職責？為何不依本性有所行動？

「可是人有時候也需要休息……」

沒錯，人的確需要休息；但任何事物都有個限度，不能總以休息作為藉口，懶散度日。你做得還不夠多，不是嗎？還沒達到一定水準，不是嗎？

（5－1）

## 073

# 人是為了謀求公眾利益而生

當你賴床時，不妨這麼想：人是為了謀求公眾利益而生，是再自然不過的事，就如同即使不具理性的動物也都需要睡覺，是一樣的道理。

正因為是出於天性，所以不會覺得不自然、不舒服。

（8－12）

074

## 死亡既非善，亦非惡

只要想著自己隨時都有可能離開人世，就不會猶豫不決，遲遲不願付諸行動。

如果你相信眾神真的存在，就不用害怕告別人世，因為眾神不會做迫害你的事。

生與死、成功與失敗、痛苦與快樂、富有與窮困，這些事會發生在好人身上，也會發生在壞人身上，所以這些事既非善，亦非惡。

（2－11）

075

♋

# 人生就是一連串的執念

人生座右銘要包含以下兩個元素。

一是，「事物不會接觸到靈魂，因為事物是外在因素，人的執念是發自內心。」

二是，「你看到的一切事物會不斷變化，也會消失，別忘了你這一生將經歷無數次變化。」

宇宙就是變化，人生則是一連串的執念。

（4－3）

076

3

## 拋卻執念，就能抹去怨念

只要拋卻執念，就能抹去「自己是受害者」的怨念。
當怨念消失的同時，痛苦也隨之消失。

（4－7）

077

## 執念會帶來災厄

你認為的災厄不在他人的內心，也不是起因於周遭環境的變化。那麼，這般災厄來自於何處呢？

來自於你的內心，只要拋卻執念，一切就會相安無事。

即便肉體因此被切割、灼燒、腐敗、化膿，也別動執念這個按鍵；因為要讓惡這股力量明白，發生在好人與壞人身上的事並無好壞之分。

同樣的，對於違背本性而活的人，或是順應本性而活的人來說，也沒有所謂是否順應本性而活的區別。

（4－39）

078

3

# 拂去執念，內心瞬間平靜

拂去各種惱人的雜念與執念，內心便能瞬間平靜，這是多麼容易的事啊！

（5－2）

079

ω

## 你的感受取決於你

只要是外在的事物，管它是不是痛苦，就讓它痛苦吧。除非你覺得這件事是惡，不然外在的一切都不會傷害到你，因為你有能力讓自己不去想、不受傷。

（7－14）

080

3

## 善惡觀會表現在行為上

無論遇到什麼樣的人，請立刻問問自己：

「這個人抱持著什麼樣的善惡觀？」

接著你便能了解，這個人面對人生的苦樂、榮辱與生死等是出於何種原因，所反應出來的種種行徑，也將不會讓你感到驚訝與疑惑。

如此，你就能明白，他之所以這麼做也是迫於無奈。

（8－14）

081

## 苦惱沒用，付諸行動最重要

你之所以會為外在事物深感痛苦，是因為折磨你的並非事物本身，而是你的執念。

其實你可以靠自己的力量，馬上抹去這個執念。

如果你的痛苦是起因於自己的性格，那麼除了你以外，有誰能為你抹去這個執念？

如果你因為自己錯過什麼事而懊惱不已，何不馬上行動，減輕心裡的痛苦呢？

「可是眼前有著莫大阻力。」

「那你也用不著懊惱，因為不是你的錯。」

「但要是沒做這件事，我活著就沒意義了。」

「既然如此，那你就心滿意足地告別人世吧。像個了無罣礙，從容赴死的人。」

（8—47）

082

3

## 逃出煩惱的牢籠

今天的我已經擺脫一切煩惱，應該說，我已經逃出煩惱的牢籠。因為煩惱源自內心，也就是自己的執念。

（9－13）

083

3

## 只要你願意，可以不受執念左右

一切只是出於你的執念；而且只要你願意的話，可以不受這執念左右。

好比水手掌舵繞過岬角，立即就能駛入風平浪靜的港灣。

（12－22）

084

3

## 你必須靠自己的力量挺立於世

你該如何行動呢？

千萬不要衝動行事，千萬不要只顧一己之利，千萬不要草率行事，還有既然要做就不要三心二意。

別粉飾自己的想法。別誇大言詞，魯莽行事。

以身為人、身為成熟大人、身為市民、身為國家的一分子，展現你的本性。在戰場上指揮若定，耐心等待撤退之命，當個無須宣誓或仰賴他人見證的領導者。

保持心情愉悅，無須期待他人出手救援，也無須向他人索求平靜。你必須靠自己的力量挺立於世，而不是靠別人扶持。

（3－5）

085

3

# 將障礙轉換成前進的動力

當主宰內在的力量依循本性運作時，便能柔軟地適應外界發生的各種事。這股力量在一定條件下，不必具備任何特定因素，便能朝著目的地前行。即便面臨障礙，也能將這障礙轉換成往前推進的動力。

倘若只是星星之火，當然很容易熄滅；但要是火焰熾盛，燃料轉眼間就要燃燒殆盡，火勢自然也愈發熾烈。

（4－1）

086

# 你能改變的只有你自己而已

你到底有什麼不滿？因為受不了人們的惡行惡狀嗎？

不妨試著想想以下幾點：

理性的動物是為了彼此而存在，忍耐是實現正義的必備要素，人們總是不經意犯錯。

想想有多少人彼此敵對、猜忌、仇恨、爭鬥，結果死了便化為灰燼，不是嗎？

你能改變的只有你自己而已。

（4－3）

087

3

## 無論做任何事，都要謹守「善」這個原則

世上發生的一切事情都是合理的，只要你注意觀察就能明白此言不假。我說的合理是指彷彿有人能夠預測每件事，讓每件事合理地發生，因此，你就照一開始那樣繼續觀察就行了。

不管遇到什麼情況，都要秉持「善」的念頭來行動。無論做任何事，都要謹守這個原則。

（4－10）

088

3

## 改變想法，必須基於一定原則

你必須隨時謹記以下兩個原則。

第一，只做有益眾人的事，統治與立法皆依循理性施行。

第二，如果有人糾正你的想法，你可以考慮改變想法。但要有條件地改變，也就是建立在正義、謀求公共利益等原則之上，並非為了博取名聲而改變。

（4－12）

089

3

## 別忘了死亡就近在眼前

不要想著自己還會活一萬年而不付諸行動，別忘了死亡就近在眼前。活著時，要盡己所能當個良善之人。

（4—18）

090

3

# 心無旁騖地朝目標筆直前行

不要在乎別人說什麼，也不要在乎別人想什麼。

你只須在乎自己所做所為是否合乎公理正義，別讓自己捲入無謂的麻煩。

你無須理會別人偏頗的道德觀。

你要做的是心無旁騖地朝目標筆直前行。

（4－18）

091

3

## 不做無謂的事

哲學家德謨克利特*曾說：「若想求得心情平靜，必須多做點事。」但其實應該這麼說：「只做真的該做的事，也就是說，以人類群居的天性為本，依循理性做事。」

這麼一來，不只會做得更好，也能讓心情平靜許多。我們的所言所行多半都是無謂的，只要少點無謂的言行，就能為自己多掙些時間，也能減輕心中的焦慮不安。

因此，不妨隨時問問自己：「真的有必要這麼做嗎？」不只無謂的行為，也要拋卻無謂的想法；這麼一來，才不會做些無謂的事。

（4－24）

*提倡原子論的古希臘哲學家，也是主張「唯物論」的始祖。

092

## 滿足於自己在群體中被賦予的責任

當個滿足於自己在群體中被賦予的責任，言行合乎公平正義，且心懷慈愛的人。嘗試過著做一個良善之人的人生。

（4－25）

093

# 一切都會有最好的安排

即便這項技藝微不足道，但為了成為能夠獨當一面的人，你要熱愛、滿足於自己習得的技藝。你要相信一切都會有最好的安排，但請別讓自己成為暴君，也別淪為奴隸。

（4－31）

094

3

## 視事情的價值來決定自己該付出多少心力

想像歷史上偉大人物和他們身處的時代吧。你會發現各個時代與國家民族，再怎麼功成名就也會瞬間崩壞、分解。

尤其要將親近的人事物引以為戒，本該順應本性而活的人們，是否最終活成只會在意瑣事的人。

你一定要牢記一件事，那就是視事情的價值來決定自己該付出多少心力。當你不會為瑣事耗費過多心力時，也就不會怨天尤人了。

（4－32）

095

3

## 值得真心付出的事

以往備受稱讚的成就，如今已走入歷史；以往名噪一時的人名，也成了過往回憶。

事物總是轉瞬即逝，化為一段傳說，遭世人遺忘、埋沒。我說的這些人都是曾經顯赫一時的人物，更別說一般人在嚥下最後一口氣時，便成了「從這世上消失的人」。

所謂的永恆記憶到底是什麼？一切只是虛幻罷了。

那麼，值得我們真心付出的事究竟為何？只有一個，那就是合乎公平正義的思想、合乎社會規範的行為，說實話、坦然面對世事，如常看待每件事都是來自同一處源泉。

（4－33）

096

## 期許自己更為單純善良

為何你的心如此煩亂？是有什麼出人意料之外的事情嗎？是什麼讓你如此心神不寧？

事物的成因嗎？那就看個仔細吧。

還是事物的本質呢？那就看個仔細吧。

世上除了成因與本質這兩件事之外，就沒其他的了。

既然如此，那就順應自然，期許自己更單純善良。

（9－37）

097

3

## 快樂無所不在，只是你有沒有發現罷了

倘若你覺得歌唱、舞蹈、格鬥等娛樂都是無意義的事，建議你不妨試著分析這些娛樂活動。

好比你可以分析一段美麗旋律裡的每個音符，問問自己：「是否會為這些樂音著迷？」

你也可以試著分析每個舞蹈動作，應該也會得到同樣的結果，還有格鬥一事也不例外。

也就是說，除了美德以及實踐美德以外的所有事物，你只要試著分析其中的要素，就能明白每個要素都有其價值。當然，你也可以依循這個法則來看待人生。

（11－2）

098

3

## 與其憂外，不如內省

所有人之於萬物都是短暫、稍縱即逝的，然而我們卻總心口不一，內心煩亂不已。

總擔憂自己會被外在事物迫害，所以無法敞開心胸、體貼別人；也沒辦法好好思考自己的行為是否早已失當。

（4－37）

099

## 賢者的處事態度

賢者會迴避什麼？追求什麼？
不妨想想賢者是依循什麼而為。

（4—38）

# V

# 懂得示弱，尋求他人的協助

若有聰明才智可勝任困難之事，當好好利用、發揮；若無此天賜禮物，則選擇放手，或找更有能力的人合作，一起為社會創造公共利益。

## 100 ㊀

## 不期不待，沒有傷害

第一種人是，當他幫助別人時，會理所當然地期待對方有所回報。

第二種人是，雖然不會表現出期待回報的樣子，但會清楚記得對方欠了自己什麼恩情。

第三種人是，不記得自己為對方做過什麼。這種人就像結實纍纍的葡萄樹，葡萄樹結出果實後，也就別無所求了。然後，明年又會理所當然地結出果實。

（5－6）

101

㊀

## 不要害怕失敗，重新來過就行了

縱使你的所有行為依循原則卻得不到理想結果時，也不要因此生氣、失望或怨憤。不要害怕失敗，重新來過就行了。

就算一切無法盡如人意，只要你的所作所為大多合乎本性，就該知足、珍惜自己走過的路。

（5－9）

102

㊀

## 追求不可能的事，無疑是一種痴狂

追求不可能的事，無疑是一種瘋狂行徑；就像期待惡者不做壞事，根本是不可能的事。

（5－17）

103

曰

# 無知與自大的威力竟然勝過智慧

並不是所有人都懂得量力而為，有些人對於超出自身能力承擔的事竟渾然不覺，該說他們很無知、很遲鈍，還是他們明知不可為，卻故作堅強呢？

無知與自大的威力竟然勝過智慧，不是很讓人無奈嗎？

（5－18）

104

⊖

## 將阻力化為助力

我必須親切待人，也必須包容別人，所以就某方面來說，人是和我最親近的存在。

但如果對我來說，人成了一種阻礙，那就和太陽、風、野獸無異，成了一種中立的存在。人可能會阻礙我的行為，卻無法干涉我的意志與本性；為什麼呢？因為意志與本性能夠隨機應變，能將阻力化為助力。

如此一來，所有阻力都將化為行動力，幫助我不斷前行。

（5－20）

105

㊀

## 懷著感謝的心情，回首過往

想想你是如何對待父母、兄弟姊妹、配偶、子女、老師、親朋好友呢？想想自己到現在為止，是否「沒對任何人做過一件錯事，說過一句難聽的話」呢？

回想自己經歷過多少事？咬牙熬過多少難關？你的人生已經圓滿了，應盡的責任也告一段落；想想自己見過多少美好事物，鄙夷過多少快樂與痛苦，蔑視過多少美名榮譽，親切對待過多少冷漠的傢伙。

（5－31）

106

曰

## 千萬別被事物的表象所惑，輕率判斷

千萬別被事物的表象所惑，輕率判斷。

要是遇到因為失去什麼而困擾的人，請盡你所能，按他所需，給予幫助。倘若失去的不是什麼重要的東西，也不必認為對方有所損失，因為之所以會失去，往往是因為他的壞習慣所致。

（5－36）

107

㊀

## 可以選擇敬而遠之，但不必猜忌或憎恨

在競技場練習格鬥時，難免會被對手抓傷，或是因為一時衝動，發生肢體碰撞等情形。這時就算受傷，也不會指著對方大聲咆哮，或是懷疑對方惡意傷害。

雖說如此，也要對對方有所警戒；但無須視對方為敵人，也不需要疑神疑鬼，保持友善的距離就行了。

面對人生其他事情也是如此，許多事都像在競技場上遭遇到的意外狀況，我們可以選擇敬而遠之，但不必猜忌或憎恨。

（6－20）

108

㊀

## 就算別人對你發脾氣，你也要不露慍色

如果有人因為不認識你而詢問：「怎麼稱呼你？」你會因此不滿嗎？倘若對方不知道你的職稱，你也會惱火嗎？不，應該不會，你會好好地向他說明並介紹自己。

人生亦然。請你記住人生應負的每個責任，都是由許多瑣事構成；而你的責任就是盡力做好這些事，就算別人對你發脾氣，你也要不露慍色，逐一解決當下面臨的每個課題。

（6—26）

109

# 你必須適應命中注定的一切

你必須適應命中注定的一切，包括環境在內。

要愛那些注定會和你有所關連的人，而且不單是形式上，而是發自內心去愛他們。

（6－39）

110

㊀

## 別以自己的善惡基準，評斷別人

面對你無法控制的事物，要懂得區別善惡。

好比你遭遇什麼壞事，或是失去什麼美好的事物，勢必會怨天尤人，也會憎惡害你遭逢不幸的人，或是嫁禍給你的人。

然而，壞事往往是以善惡為基準而區別出來的結果；倘若我們只以自己的行為作善惡的基準，就沒有理由怨天尤人了。

（6－41）

111

一日

# 方法絕對不只一種，轉念就行了

先試著說服眾人，即便大家還是不贊同你，只要依循公平正義的原則施行，還是能說服眾人。要是有人強行阻攔，你也要平心靜氣地面對，以忍耐與溫和的力量設法將阻力化為助力。

別忘了你的計畫可是經過思考的，絕非強求什麼根本不可能完成的事。

那麼，你想做些什麼呢？

你一定有著想努力達成的目標，可以說，其實你已經達到目的了。通往善的方法絕對不只一種，就算中途改變作法，你也已經在前往善的路上了，不是嗎？

（6—50）

112

㊀

## 不光是聽，還要深入對方的心

傾聽對方所言，並盡可能深入對方的心。

（6—53）

113

日

# 社會與個人無法切割

對於蜂巢不利的事，當然也對每一隻蜜蜂不利。

（6－54）

114

㊀

## 謹言慎行的重要

與人交談時，要注意自己的詞語表達與內容，並推敲每句話的含意；行動時，要仔細觀察每項行為，並知道這項行為是基於什麼目的。

（7－4）

115

曰

# 為了達成目標，借他人之力也是個方法

我的聰明才智是否能夠勝任這件困難的事呢？

如果可以的話，我會將聰明才智視為天賜的禮物，好好活用；倘若不能的話，除非我沒有其他選擇，否則我會選擇放手，讓更有能力的人接手。

或是因應情況，除了盡己所能做好之外，也找個人一起努力完成。為什麼呢？因為不管是自己一肩挑起，還是和別人合力完成，都必須朝向有益於社會的目標進行。

（7－5）

116

## 向別人求助一點也不可恥

不要羞於求助，為什麼呢？因為你必須像攻城的士兵一樣完成任務。要是你因為腳受傷，必須借助別人的幫忙才能攀上城牆，你會怎麼做？

（7－7）

117

㊀

## 別執著於自己本來就沒有的東西

別執著於自己本來就沒有的東西。從你現在擁有的一切，選一樣對自己來說最珍貴的東西，然後想想：「如果我沒有這樣東西，又該如何追求呢？」

但千萬別讓自己沉溺其中，高估這東西的價值，搞得自己一旦失去，整個人就像失了魂似的。

（7－27）

118

㊀

## 人生像是一場格鬥賽

與其說人生像跳舞，不如說人生像是一場格鬥賽。我們必須隨時準備應付突如其來的攻擊。

（7—61）

119

㊀

## 先求自己不作惡

這不是很蠢的事嗎？明明可以克制自己不作惡，卻不這麼做，只想一味逃離來自別人的迫害。

（7—71）

120

㊐

## 幫助別人才能讓自己獲益

對自己有益的事，不會有人嫌多。幫助別人是很自然的事，所以幫助別人才能讓自己獲益，這種事絕對不能嫌煩。

（7—74）

121

㊀

## 每次行動時，應該問問自己

每次行動時，不妨問問自己：

「這件事到底和我有什麼關係？要是不做這件事，我會不會後悔？反正我死後，一切都會消逝。如果我現在做的事是有智慧，也是社會一分子該做的事，又能遵循神的法則，夫復何求呢？」

（8－2）

122

## 揣想太多，只是自尋煩惱

除了事實，無須再多加什麼。

譬如，有人到處說你的壞話，流傳的只是這番壞話，而不是流傳你因為流言受到何種傷害。

就像我發現我的孩子病了，看到的也只是他生病，而不是看到他有立即的生命危險*。

因此，只要知道事實即可，別再多加揣想，那麼無謂的煩憂就不會上門。

或許真的有人能通曉世事，也許能看透一些什麼，但要了解，一般人是不可能做到的。

（8－49）

*馬可斯．奧理略．安東尼努斯有14個孩子，卻痛失4位。

123

㊀

## 必須隨時警惕自己的事

隨時警惕自己不要行事散漫、辭不達意、三心二意，也不要過於敏感、衝動。總之，生活再怎麼忙碌，也要適時放鬆。

（8－51）

124

㊀

# 態度和眼神透露著一個人的本性

「我決定誠心誠意地待你。」會說這種話的傢伙多麼虛偽、噁心啊！

我說你啊，到底在做什麼啊？這種話根本沒必要說出來，因為從你的言行就能明白你在想什麼，額頭上還會清楚寫著呢。

就連說話口氣、眼神也會表露一個人的心思，就像戀人能從彼此的眼神感受到對方的心意。

單純率直的背後也可能藏著一把刀，如同《伊索寓言》裡「狼向羊表達虛偽的友情」般，這種友情絕對碰不得。從眼神就能看出一個人是否善良與親切，這是掩飾不了的事。

（11—15）

125

㊀

## 出於真心的親切是一股無敵的力量

親切是一股無敵的力量，但必須出於真心，而不是勉強擠出來的笑容或演技。

面對再怎麼傲慢的人，只要出於真心地親切待他，他也拿你沒輒吧。所以主動釋出善意一事很重要。當他想要傷害你時，你要抓準時機，溫和糾正他的錯誤。

「孩子啊，我們生來不是來做這種事，況且受到傷害的人不是我，而是你自己。」

請巧妙地告訴對方這道理，不要語帶諷刺，也不要一副興師問罪樣，而是不帶怨恨，抱持關愛地告訴他。

但你不是老師，所以不要擺出一副為人師表的模樣，即便有別人在旁，也要直接明白地告訴他。

（11—18）

126

㊀

## 不該做的事，不該說的話

不對的事，不該做。
不是真實的事，不要說。

（12－17）

# VI

# 別被別人玩弄於股掌之間

每個人的人生只有一回，
生命也有走到盡頭的一天。
無須在意別人的批評或讚美，只要傾聽內心，
讓自己的小宇宙依循大宇宙的自然法則，
往前邁進。

127

ᛒ

# 別被別人玩弄於股掌間

我的靈魂啊，要繼續為難自己也無妨；但要知道這樣下去很可能會錯失大好機會。

每個人的人生只有一回，生命也有走到盡頭的一天，但你卻不愛惜自己，只想將幸福寄託在別人身上。

（2－6）

128

ß

## 重視自己的思考能力

好好重視自己的思考能力吧。而且盡己所能地發揮這項能力。正因為有這項能力，才能防止你的靈魂違反自然法則，掉入錯誤的陷阱。

思慮夠深，才能體貼別人、虔敬眾神，接受命運的安排。

（3－9）

129

## 別浪費餘生猜測別人的心思

倘若這件事與公共利益無關，就不要浪費餘生猜測別人的心思，否則你就沒有心力做真正有用的事了。

要是你成天想著誰做了什麼，或是誰說了什麼、又在打什麼主意，肯定無法專注做好自己應該做的事。

（3－4）

130

# 不要成天想著什麼都要面面俱到

你是否因為外在事物而分心呢？

既然如此，那就給自己一些時間去學習值得學習的事吧。不要成天想著什麼都要面面俱到，搞得自己心神紊亂。

一輩子都在繞遠路走的人，即便終日忙碌也只不過是在浪費時間。

（2－7）

131

## 凝視自己心的動向

不在意別人想法的人，比較不會鬱鬱寡歡；但是不願意傾聽自己內心聲音的人，往往過得並不快樂。

（2—8）

132

## 關愛自己才不違背本性

你顯然並不愛自己，不是嗎？如果你愛自己的話，就會愛自己的本性，過著依從本性的生活。

熱愛工作的人，往往熱愛到忘了吃飯、沐浴；就像工匠熱愛工藝，舞者熱愛舞蹈，守財奴視錢如命，虛榮者一心只想出人頭地看重自己的工作，是吧？他們投入的程度簡直到了廢寢忘食的地步。

你是否認為關愛自己是很沒價值的事？不值得為此努力？

（5－1）

133

ᛒ

## 依循自己的原則前行

如果你的一言一行都合乎本性，表示你的判斷無誤，所以千萬不要被別人的批評與責備左右了想法。

只要你認為自己說的話、做的事都合乎善，那就一點問題也沒有；反正別人也有自己的判斷基準，也有自己的行事風格。

所以你不用在意別人的眼光，身處小宇宙的你只要依循大宇宙的自然法則，往前邁進就對了。這兩種「自然法則」其實是一樣的。

（5—3）

134

## 找回自己原有的步調

當周遭環境干擾你的心緒時，請竭盡全力穩住，別因此亂了自己原有的步調。為什麼呢？因為讓精神層面回復協調狀態，才能讓自己穩定下來。

（6－11）

135

## 靠自己的力量喚醒信念

「這樣子絕對沒問題！」當這樣的信念像生命力一樣消失時，支持信念的具體內容也會跟著消失，成了抽象的內容；但是我們可以靠自己的意志力喚醒本心，再次點燃信念的火焰。

「我面對任何事情都能因應情況，擁有自己的想法。若果真如此，我到底在煩惱什麼呢？別人的想法與我何干？」

只要明白這一點，就能確立自己的信念，靠自己的力量喚醒信念，因為這麼做，能讓你蛻變重生。

（7—2）

136

ᛒ

## 無論誰說什麼，我就是我

不管別人對我做什麼、說什麼，我都要保持善良，如同黃金、翡翠或紫色染料*總是會說：

「不管別人對我做什麼、說什麼，我還是原有的樣子，必須耀眼生輝。」

（7－15）

*當時紫色染料非常稀有，是極其權貴之人才可使用的顏色。

137

# 你只須留意自己的言行

當事情發生時，不妨想想以往遭遇到同樣問題的人們是如何焦慮、不安。然而現在他們在哪裡呢？顯然已不知去向。

那麼，你為何要有樣學樣呢？

為什麼一定要跟著那些違背本性，而且不這麼做就不行的人一樣呢？為什麼你不能善用擁有的資源，走在正確的道路上呢？

無論面對任何事，你只須留意自己的言行，努力並期許自己成為善者即可。

（7－58）

138

## 就算遭別人嫌棄，也別在意

倘若有人責怪你、嫌棄你，說了什麼傷害你的話，請試著接近對方，深入對方的內心，觀察他是個怎麼樣的人。

這麼一來，你就會明白不管對方怎麼看你，都不需要理會。

雖說如此，你還是要善待對方，因為世界對待你們都將是一樣的，只要有其能力與意志，世界都將完成他的願望。

（9－27）

## 139

# 無須在意別人的讚美或批評

當你問自己：「一直以來所做的好事卻遭人非議，到底是為什麼？」你要了解——

其實，遭到批評與否並沒什麼差別。

你該不會忘了吧。那些恣意讚美別人、批評別人，自以為是的傢伙無論在哪裡都是這種德性；也別忘了他們都做了些什麼、逃避或追求什麼，還有他們是如何偷走什麼、搶奪什麼。

他們用的不是自己的雙手雙腳，而是用對人來說最重要的部分，也就是應該孕育出誠信、謙虛、真實、法則、幸福的精神。

因此，根本無須在意這些傢伙的讚美或批評。

（10—13）

140

ß

## 不要輕視自己的判斷與想法

我時常想不透，明明每個人愛自己更勝於別人，為什麼卻總是把別人的想法看得比自己的想法還重呢？

如果神或智者命令某個人：「不能大聲表達自己的想法，只能在心裡默默地想，也不能有任何企圖。」這個人恐怕連一天也無法忍受吧。

可是比起自己的想法，我們卻更在乎別人的看法，這是為什麼呢？

（12－4）

141

## 試著接納對方，理解對方

有些人就是注定要做某些事，這是必然的。

所以希望他們不要做這件事的人，就像命令無花果樹不分泌汁液是一樣的道理。

但你一定要記住一件事，無論是你和他，一轉眼都有可能從這世上消失，就連你們的名字也會不留痕跡地逝去。

（4－6）

142

## 用理性溝通

有人曾說：「只要稍加思考，就會知道自己到底哪裡招人厭棄。」仔細想想，這是件再合理不過的事了。

你也有思考的能力，不是嗎？當發現對方的缺失，只要你試著用理性溝通，也許就能提點對方，也就犯不著自己動怒了。

（5－28）

143

## 自制力的重要性

我認為還有一件事更值得重視，那就是依循理性，採取行動；也就是所謂的自制力。

這也是所有職業與技術追求的目標。無論是什麼樣的技術都有個能如願完成的目標，不管是栽植葡萄的葡萄酒農家、馴馬師或馴犬師，大家都是為了追求目標而工作。當然，教育與指導年輕世代也是如此。

這就是更值得重視的事。懂得自制就能專心朝向目標前進，不必分心追求別的東西。如果還是有別的欲求，不但得不到自由，也無法知足幸福，內心更難以擺脫衝動情愫。

（6—16）

144

## 要有允許別人犯錯的雅量

不允許人們追求符合本性又有益於自己的事，是多麼殘酷的事啊！其實，人們渴望利己，是再自然也不過了。

「才沒這回事，是他們做錯了。」

若真是如此，你就應該心平氣和地糾正對方，而不是以別人做了不該做的事惹惱你，而逕自不原諒對方。

（6－27）

145

K

## 生氣只會讓你魅力盡失

橫眉豎眼絕對不是自然的表情。當一個人頻頻露出這種表情時，魅力勢必蕩然無存，也難以回復。

（7－24）

146

## 只要明白彼此的想法，就不會憤怒

當別人對你做了什麼錯事時，你要立刻想想對方是基於什麼樣的善惡觀而做了這樣的事；只要明白這一點，就能理解對方的處境，便不會因此感到驚訝或憤怒了。

如果你對「善」的看法和對方相近，那麼原諒對方是你的義務。如果你認為對方的過失既非「善」，亦非「惡」，那麼就更能原諒對方了。

（7－26）

147

## 不要幻想痛苦愈來愈大

當你深感痛苦時，請對自己這麼說：

「痛苦並不可恥，也不會損及智慧，只要智慧還具備理性與社會性，就不會讓痛苦耗損你的智慧。」

大部分情形都能拿伊比鳩魯*的話語來安慰自己——

「痛苦有其極限，不會永續而看不到盡頭，所以別幻想痛苦愈來愈大就好了。」

還要記得，我們不會將強烈的睡意、食慾不振等不愉快的事情視為痛苦，那只是因為我們選擇不去在意罷了。

（7—64）

*主張享樂主義的古希臘哲學家。

## 148

# 對別人生氣，毫無意義可言

即便你大發雷霆，眾人也會毫不介意地繼續做著同樣的事。

（8—4）

149

# 幫助別人不再犯惹惱別人的錯誤

當你因為別人出錯而生氣時，你應該反省自己是否也曾犯過同樣的錯誤。

好比眾人皆渴望金錢、快樂與名聲，一想到自己也是如此，你便不會為此感到生氣了。

或許你還可以換個角度思考，假設對方是迫於無奈而犯錯，那麼如果你能力所及的話，甚至還能幫助他，使他不再犯下這種惹惱他人的錯誤。

（10－30）

150

# 你可以掌控的事，以及不能掌控的事

面對突如其來的麻煩事，如果是你可以掌控的事，當然要妥善處理。但如果是你無法掌控的事，你又能責怪誰呢？難道要責怪命運嗎？還是要遷怒眾神呢？怨天尤人是最愚蠢的行為。

如果你有能力的話，請改善問題的根源；如果沒此能力的話，起碼也要糾正問題本身。倘若連這一點都做不到的話，光是埋怨別人有何意義？

沒有目的的事，沒必要浪費時間去做。

（8—17）

151

## 對別人發脾氣，只是軟弱的表現

當你依循正確的理性前進時，有人試圖攔阻你。為了不讓他們迫使你做出失當行為，你必須以善意抵禦他們的阻攔。

不，不僅如此，還必須留意以下兩點：第一，你必須堅持自己的判斷與行為；第二，還是要以和善態度對待他們。

因為對別人發脾氣，只是軟弱的表現，試圖報復也與因為恐懼而屈服無異。那些膽小怯懦的人、背離親朋好友的人，無疑是棄守自己的原則。

（11－9）

# VII

# 將每一天都視為最後一天來過

不衝動、不倦怠、不虛偽地過活，
將每一天都視為最後一天來過。
萬物的存在都有其目的，
想想自己是為了什麼目的而存在吧！

152

山

# 每個人都有優點

或許你真的不是那麼聰明的人，卻也不到「一無是處」的地步，你應該還有很多優點，而且應該好好發揮。

真誠、仁厚、耐心與毅力、厭惡享樂、不怨天尤人、知足常樂、慈悲心、坦率、不貪婪、心胸寬大等，試著數一數，其實有不少優點，不是嗎？所以不要說自己一無是處，看輕自己；難不成你打算一直屈居人下嗎？

每個人都有缺點，只是自己有沒有發現、理解罷了。你必須克服這些缺點，不能拿遲鈍當藉口，更不能以此自傲。

（5－5）

153

心

## 想想別人的優點，就是一件歡喜的事

當你心情低落時，若想讓心情好起來，就想想和自己一起生活的人有何長處吧。

譬如，這個人總是充滿活力，那個人謙遜有禮，另一個人則是很有氣度，像這樣想想每個人的優點。如果周遭的人能夠體現各種美德，讓我們深刻感受到，再也沒有比這更令人愉快的事了。

因此，我們必須時時在心裡反芻這些美德。

（6—48）

154

山

## 期許自己始終屹立不搖

期許自己像座突出於海岸的山岬，即使浪花不斷地襲來，始終屹立不搖，讓狂浪瞬間平息。

（4—49）

155

四

## 不被不幸擊垮就是很幸運的事

「我怎麼這麼倒楣啊！竟然遇上這種事。」

其實不然，你應該這麼想：「雖然遇上這種事，但我還是沒被痛苦擊潰，也不恐懼未來。」

畢竟誰都會有低潮的時候，但不見得每個人都撐得下去，既然不想陷在痛苦的泥沼，那就樂觀看待眼前面臨的難題吧。

當你遇到什麼不順心的事，千萬別忘了這原則：

「其實我沒那麼倒楣，不被不幸擊垮就是很幸運的事。」

（4—49）

156

(山)

## 所謂的捷徑即是因循自然

無論何時，抄捷徑走就對了。

而捷徑是什麼呢？正是符合理性的因循自然。

只要能擁有讓自己堅持下去的目標，就能讓你免於煩惱、鬥爭、算計與炫耀。

（4－51）

157

## 走在正途，就能得到幸福

如果你能走在正途，所作所為都很正派，便能過著幸福順遂的人生。所有理性存在的共通點有兩個：一是不受外在干擾，二是思維正確，堅行善道，別讓欲望無限膨脹。

（5－34）

158

(山)

## 報復別人最好的方式

報復別人最好的方式，就是別讓自己變得和他一樣。

（6－6）

159

## 不吝讚美你身邊的人

這是多麼弔詭的事啊！明明我們吝惜讚美身旁的人，卻仍希冀能贏得後世子孫的崇敬。

彷彿因逝去的聖賢未稱頌過你，你卻因此傷心難過一樣。

（6—18）

160

(I)

## 別人辦得到的事，你也辦得到

你無能為力的事，不要以為別人都辦得到。相反的，如果別人都辦得到的事，並且是合乎本性的事，那麼你要認為自己也辦得到。

（6—19）

161

## 真理不會傷人

倘若有人批評我的判斷與行為有缺失，並且能夠說服我，我很樂意改進。因為我追求真理，也認為真理不會傷人；那些認為真理會傷人的傢伙無疑是欺騙自己的心，而且十分無知。

（6—21）

162

# 醒醒吧！看清現實

請回過神，找回自己吧。如果你剛醒來，發現困擾你的事不過是一場夢，那就趁現在醒著時看清現實。

（6—31）

163

（山）

## 堅持原理原則，就是重視自己內心的聲音

資深工匠懂得有原則地放下身段，配合外行人的需求，卻也十分堅持技術方面的原則，不容許絲毫讓步。你是否注意到他們對於工作的堅持呢？

建築家和醫師都相當重視自己專門領域的技術原理與原則，卻也有那種絲毫不在乎自己內心聲音的人，實在令人匪夷所思。

（6—35）

164

(山)

# 幸福要靠自己的行動求得

愛慕虛榮的人，認為幸福是來自別人的讚美。
崇尚享樂主義的人，認為幸福與否取決於自己的感受。
睿智之人則是認為幸福要靠自己的行動求得。

（6－51）

165

## 人類的價值取決於全心投入某件事

熱衷於各式活動、舞台劇、成群家畜、手持長槍拚鬥與爭食骨頭的狗、爭食麵包屑的池中魚、辛勤搬運食糧的螞蟻、倉皇奔逃的老鼠、手上耍弄的傀儡娃娃等，都好比人們的真實模樣。

請你記得，人類的價值取決於全心投入某件事；信念愈高，這個人的價值愈高，一旦沉溺於無謂的事物，這個人的價值勢必低落。

（7－3）

166

(山)

## 只要是人都會犯錯

即便對方犯錯，還是會愛對方，這就是人性的特殊之處。

因為只要是人都會犯錯，何況有時是無心之過，再說每個人在這世上也不過匆匆數十載。

（7－22）

167

山

## 動靜之間，力求平穩、平衡

無論是動是靜，你的身體都要保持平穩、平衡。
既然能夠露出沉穩表情，也應該能這麼要求身體。
不過，一切都要出於自然，不能有半分勉強。

（7—60）

168

(山)

## 以牙還牙絕對不是最好的解決之道

千萬不能用毫無人性之徒對待別人的惡劣情感，對待他們。

（7－65）

169

(山)

## 不畏外在言語保持鎮靜

就算全世界都衝著你嘶吼，彷彿野獸啃食般，將要撕爛你的身體，你也要力持鎮定、保持平靜的心。

即使在這種情況下，真的很難維持心靈的平靜，很難正確思考，很難判斷周遭正發生的事情，很難善用眼前的一切事物。

正因如此，你更需要有判斷力，你要了解「就算別人口中的你並非事實，但只有你才能決定你自己。」

（7—68）

170

## 將每一天都視為最後一天來過

所謂完美的人格，是不衝動、不倦怠、不虛偽地過活，將每一天都視為最後一天來過。

（7—69）

171

(I)

## 無論如何都別失了心裡那份從容感

你雖然沒有充分的時間或能力閱讀，但你有能力讓自己不要變得傲慢，也有能力超脫痛苦與快樂，還能拋卻虛榮心，甚至不因為愚蠢、忘恩負義的傢伙而氣惱；不僅如此，你還有餘裕援助需要幫助的人。

（8—8）

172

㊁

## 近利既毫無益處，也非善事

後悔是一種自責，責怪自己錯失有益的事物。有益的事物則是好事，也是良善之人理應追求的東西。

良善之人不會因為拒絕眼下的利益而後悔，因為近利既毫無益處，也非好事。

（8—10）

173

# 你有改變想法的自由

請記得你有改變想法的自由，也有聽從別人指點的自由，當然也有堅持不改變的自由，為什麼呢？因為這些行為都是出於你的想法與判斷，也是依循理性而做的行為。

（8－16）

174

## 你是為了什麼目的而存在

無論是馬還是葡萄樹，萬物的存在都有其目的。為何你如此驚訝？連太陽都會說：「我是為了某個目的而存在。」

那麼，你又是為了什麼目的而存在？為了尋求快樂嗎？請好好想想這個問題的答案。

（8—19）

175

三

## 拖延永遠只是一種藉口

這是一種意見？行為？還是話語？請正視眼前發生的事。

你會遇到這種事是理所當然的，因為你不想今天當好人，而是留待明天。

（8－22）

VIII

# 在屬於自己的這條路上，勇往直前吧！

摸清楚自己要走的路，勇往直前。

若不清楚該往哪裡去，就傾聽最好的建議。

奉行公平正義，讓生命閃耀到最後一刻。

176

# 沒有人能夠阻攔你構築自己的人生

你必須一步一腳印，構築自己的人生。讓每個行為都能發揮最大效益，達成構築人生這個大目的，你就該滿足了。沒有人能夠阻攔你，讓你無法施展。

「可是難免有來自外力的阻攔……」

只要你經過深思熟慮後才行動，就不會有任何阻礙。

「要是被其他行為干擾……」

的確有此可能。這時不妨坦然接受，試著嘗試走另一條路，或許會遇到意外的轉機，這也是在構築自己的人生。

告訴自己，沒什麼好擔心的。

（8－32）

177

Y

# 擁有一顆不執著的心

你要懂得虛心接受喝采，更要學會坦然放手。

（8—33）

178

# 只求利己的結果就是自我孤立

你見過地上到處是屍體，身首異處的光景嗎？

戰爭就是對現實不滿，只求自我利益，不合群之人會做的自殘行為。

（8—34）

179

## 你不該折磨自己

我不應該折磨自己，不是嗎？為什麼呢？因為我也不會故意折磨別人。

（8—42）

180

# 溫和待人能讓你心神愉悅

每個人對於快樂的定義不盡相同。我的快樂是來自主宰精神層面的理性順暢運作，不會厭惡他人、故意無視別人；用慈悲眼神接納一切，因應並活用各種事物的價值。

（8—43）

181

Ƴ

## 傷害別人等同傷害自己

傷害別人的人，其實害己也害人。行為不當的人，勢必讓自己變得不堪，讓自己成了惡人。（9－4）

做了某件事是不妥當的行為，但不做某件事其實也是不妥當的行為。（9－5）

182

## 這一刻，你很滿足

這一刻，你是基於確信而判斷；這一刻，你不單是為了自己的利益而行動；這一刻，你對於遭遇的各種事物感到滿足，不會埋怨不公平。這樣就夠了，不是嗎？

（9－6）

183

Y

# 寬容地對待那些犯錯的人

如果你願意的話，請指正那些犯錯的人。如果你辦不到，就要記得寬容以對。因為眾神也會寬恕這些人，甚至會幫助他們如願健康、得到財富名聲。神就是如此慈悲，所以你應該也辦得到。試問自己的心，有誰會妨礙你嗎？

（9－11）

184

♈

## 保持內心平靜，不受外界干擾

不要因為外在事物而心煩意亂。
堅守公平正義的思維。
自我的意志與行為皆能符合社會所需。
因為這就是你的本性。

（9－31）

185

# 超越自己的能力範圍時，不妨順應自然

眾神真的有神力嗎？還是完全沒有？

如果沒有的話，為何你要向祂們祈求呢？

如果有的話，為何只向祂們祈求「希望不要發生什麼不好的事情」、「希望好事連連」，而不是向祂們祈求「自己不會畏懼任何事物」、「自己能夠做到無欲無求」、「不管遭遇什麼事，都不會悲傷」呢？

（9－40）

186

# 世上不可能沒有壞人

當你因為別人的無恥行徑而氣憤時，請立刻問問自己：

「這些無恥的人有可能會從世上消失嗎？」

不，怎麼可能，所以別祈求這種事了。因為這世上絕對不只一個無恥之徒。

當你遇到惡徒、背信忘義的傢伙，或是任何狡詐之人，應該要想到這一點。因為當你明白世上不可能沒有壞人時，你就能善待每個人。

（9—42）

187

Y

## 沒有人能傷害你的心靈

你能夠勸說迷途的人，促使他們改過，為什麼呢？因為每個迷途的人都是因為失去目標才犯錯。

況且，你有受到什麼傷害嗎？那些惹惱你的人，沒有一個能傷害你的心靈。你認為的壞事、傷害，都是自己的想像。

（9－42）

188

## 責備別人忘恩負義之前，先檢討自己

面對那種無法分辨是非，缺乏教養之人的所作所為，有什麼好令人意外的呢？你應該想想自己怎麼沒料到對方會犯下如此愚蠢的錯誤。

怎麼說呢？因為你忘了自己具有理性思考能力，還詫異自己竟然會犯錯。

不過，當你指責別人不誠實、忘恩負義時，請先自我反省。其實是你犯錯，因為你相信這種人會信守承諾，也很得意自己能施恩於人，還覺得能得到對方的回報與感謝。

（9－42）

189

Y

# 人天生就有足夠的忍耐力

你能忍受世上發生的一切，還是無法忍受呢？

如果是本性可以忍受的事，那就不要抱怨，忍受吧。

如果是本性無法忍受的事，也無須抱怨，因為你已經被這件事吞噬了。

但請別忘記，能否承受一件事，取決於你的想法。因此，你必須好好思考自己的本性是否能承受這件事。

（10—3）

190

♈

# 當個不負種種讚美之詞的人

面對別人讚美你是個善良、謙虛、真誠、謹慎、隨和又心胸寬闊的人，為了不負這般讚美之詞，你必須注意自己的言行；倘若你的言行有所偏差，請立即敦促自己回歸正道。

「慎思熟慮」是指你對每件事都很細心、洞察並理解情形；「隨和」是指你心甘情願接受自己應該承擔的事；「心胸寬大」則是指你的知性讓你不受快樂與痛苦左右，看淡虛名與生死。

你是個符合這些讚美之詞的人，卻不在乎別人是否這麼讚美你。這樣的你一定能脫胎換骨，開創嶄新人生。

（10—8）

191

ㄚ

## 自信讓你更從容做自己

戲劇、戰爭、恐懼、麻木不仁、束縛，這些事會圍繞著你的人生，日復一日削除你所構築的神聖信念。

為了不墜入這樣的困境，在仔細觀察、好好處理工作的同時也要動腦思考。因為知識能讓你產生自信，但不必賣弄自信，也無須刻意隱藏。

（10－9）

192

## 按照自己的步調，小心謹慎地前行

明明你能明確判斷自己該做些什麼，為何不好好思考，隨意想像呢？

如果你已經摸清自己要走的路，那就勇往直前，切莫回頭。

如果你還不清楚自己要走哪條路，那就停下腳步，傾聽最好的建議。

如果你遇到了阻礙，只要情況允許，你應該繼續按照自己的步調，小心謹慎地前行。

（10—12）

193

## 多說無益，做就對了

只是空談怎麼樣的人會是好人，這不是件很無聊的事嗎？直接當個好人不就好了。

（10—16）

194

丫

# 捨棄你的執念

無論做什麼事，不妨暫歇，問問自己：

「要是我死了，就不能做這件事了。所以死亡很可怕嗎？」

（10—29）

195

Y

## 善用逆境，成為更值得讚賞的人

所有障礙只會影響我們的軀體，除非你覺得不該面對障礙，而是選擇迴避，或是你的理性屈服於障礙，否則就算你的理性被障礙擊潰，也不會傷及本性。若非如此，遭受打擊的人勢必立即崩壞。

除了人類以外，所有事物一旦遭受傷害，勢必敗壞；但具有理性的人類懂得善用逆境，成為更值得讚賞的人。

（10—33）

196

# 質疑別人之前，先檢視自己

對於別人的所作所為，請你養成習慣這麼反問：「這個人做這件事究竟有何目的？」

但是問別人之前，應該先問問自己：

「我做這件事的目的為何？」

（10－37）

197

丫

## 有益於社會大眾就是一種報酬

我做了什麼對社會大眾有益的事嗎?如果有的話，我已經拿到報酬了。你要時常這麼提醒自己，並持續行善。

（11－4）

198

## 別讓自己與社會脫節

從旁邊樹枝砍掉的一根樹枝，等同於從整棵樹砍掉的一小部分；人與人之間也是如此，當一個人刻意疏離人群，等於和整個社會脫節。不同的是，樹枝是被砍掉的，人卻是出於討厭對方而刻意疏遠，而且不知道這麼做會讓自己和社會脫節。

如果這樣的情形一再發生，便很難再回到群體，如同園丁所言，始終與樹木一同生長、呼吸的樹枝要是被砍斷後，就不再是原來的模樣了。

「就算生長在同一棵樹上，彼此也不再同心了。」

（11—8）

199

♈

# 保有坦率寬大的自己

有人鄙視我，該怎麼辦？那是他的問題。我只能盡量不在人前做讓人輕蔑的事，說讓人輕蔑的話。

有人討厭我？那是他的問題。我只能盡量與人為善；面對討厭我的人，我也敢糾正他的錯誤，但不是恣意批評，也不是一味忍耐，而是以坦率寬大的態度指正對方。

我們應該要有這樣的修養，才不會使自己時常埋怨、表現出不知足的模樣。

（11—13）

200

Y

## 不能漠視別人作惡多端

期待那些惡徒不害人、不犯錯，無疑是緣木求魚，簡直和瘋了沒兩樣。

漠視惡徒傷害他人，還期待只有自己不被傷害，這種心態根本和暴君無異。

（11－18）

201

Y

## 確立人生目標

人生要是沒有一貫堅持的目標，便無法過著安穩人生；但這麼做還不夠，你必須確定自己的人生目標究竟為何。

好事的定義因人而異，不可能所有人都表示贊同，除非是涉及公眾利益的事。因此，我們設定的人生目標必須以不違背社會利益為準。

只要朝著這目標努力，你的行為就能一以貫之，也能過著安穩人生。

（11－18）

202

# 熟能生巧

即便是成功機率不高的事，還是要努力不懈地實行。
就像對於慣用右手的人來說，左手相對比較不靈巧。
然而騎在馬上，手握轠繩時，左手卻比右手來得強而有力，
這是因為左手已經習慣了這動作。

（12－6）

203

♈

## 面對人生，你是個徒手搏鬥的人

實踐自我原則時，你不是競技場裡的格鬥士，而是個徒手搏鬥的人。格鬥士只有收劍時，才會用雙手搏鬥，但徒手搏鬥的人總是用自己的拳頭奮戰。

（12－9）

204

## 讓生命閃耀到最後一刻

燈火在燃料用盡之前，依然散發光芒。你心裡的真理、正義與自制力，是否在生命消逝之前就已經消失了呢？

（12—15）

205

丫

# 犯錯的人也會自責

如果你覺得別人好像犯了什麼錯，請問問自己：「為什麼我覺得他犯錯呢？」

就算對方真的犯錯，你也要想：「他會後悔自責，因為他自毀了前程。」

（12－16）

206

## 真誠地奉行公平正義

要想過著安穩人生，必須澈底審視許多事，像是萬事萬物的本質以及如何構築的原因等，並且真誠地奉行公平正義，不虛言浮誇。除了不斷行善，享受美好人生之外，我們還有什麼好求的呢？（12－29）

IX

# 思考死亡這件事

死亡如同新生，是生命的過程。
不須對死亡感到膽怯，也不該為此焦慮，
因為就如同宇宙交替變化，才得以生生不息。

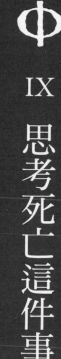

207

ф

## 不要被虛幻的名聲所困

你是否被名聲這種虛幻的欲望所困？

請看看萬事萬物是如何被人們迅速遺忘，好好凝視介於過去與未來之間，那個能夠吞沒一切的無垠空間。

想想，掌聲與喝采是多麼虛幻，虛假的讚美有多麼耍弄人心，名聲又是多麼禁錮一個人的心靈。

你只是居住在世界的一個點，這處地方非常狹小，又有多少住在這裡的人會讚美你呢？

（4—3）

208

ф

## 追求死後的名聲，毫無意義可言

一心追求死後名聲的人不會想到一件事，那就是不只自己，所有記得他的人終將死去。

名聲這東西猶如將火炬傳遞給下一位跑者，但下一位跑者也有消失於世的一天；當然，諸多讚美也會跟著消失，最後就是所有記憶隨著這些人的離世而消失。

不妨換個角度想：如果這些人不會死，記憶也不會消失的話，對你而言，又有何意義？我指的並不是對身歿後的你有何意義，而是對活著的你有何意義？要是真能帶來某種利益，那是什麼呢？

現在的你，不過就是拒絕來自大自然的恩賜，卻緊抓著未知的東西不放罷了。

（4－19）

209

Φ

## 一切到了明天都會被淡忘

所有萬物都只能存在這麼一天，不管是記住的東西，還是被記住的東西。

（4—35）

210

ф

# 一旦身歿，連名字也會消失

不久的將來你會化為枯骨、化為灰燼，徒留名號，甚至連名字也隨之消失，所以名字不過是一種聲音與迴響。

世間視為珍貴的東西盡是虛幻、腐朽、無足輕重的存在，猶如彼此互咬的小狗，也像爭吵的孩子，總是又哭又笑。誠信與謙虛、正義與真理已然「離開塵世，昇至天際」。

所以你為何還流連世間？我們感知的事物一直在變，並非靜止不動。其實我們的感官很遲鈍，又很容易被假象蒙蔽。靈魂不過是從血液發散出來的一種氣體，不是嗎？在這樣的世間博取名聲，不覺得很虛幻嗎？

（5－33）

211

ф

## 你將忘卻一切，也將被人遺忘

你即將忘卻一切事物，也即將被所有人遺忘。

（7－21）

212

巾

## 名聲有如海邊堆積的沙山

關於名聲這件事；仔細瞧瞧那些一心追求名聲之人的心境為何，究竟是在逃避什麼，又是在追求什麼？

再想想海邊層層堆積的沙山，最底下的沙子往往被不斷堆疊的沙子蓋過，人生亦然，一件事情的發生，意味著另一件事情的掩沒。

（7－34）

213

Φ

## 將此時此刻作為送給自己最好的禮物

請你將此時此刻作為送給自己最好的禮物吧。

那些追求死後名聲的人絕對不會這麼想，因為他們忘了後代和現世之人一樣終將消失。因此，後世之人的評價對你言，有何意義可言呢？（8－44）

214

Φ

## 只有哲學能夠指引我們

其實人生只是一瞬間的事。

物質會變化，感覺會愈來愈遲鈍，身體會逐漸衰敗，靈魂則是徘徊不定，命運難以預料，名聲亦無法長久。

一言以蔽之，身體好比流逝的河水，靈魂彷如虛無縹緲的霧氣，人生有如一場戰事，我們只是過客，一切名聲終將淡忘。

那麼，有什麼能指引我們呢？只有哲學。哲學能讓內在力量不受摧殘與迫害。

（2－17）

215

Φ

## 現在的你，別再徬徨了

現在的你，別再徬徨了。

你現在要做的事，就是朝著人生目標衝刺。倘若你很在意自己，那就拋卻一切妄想，好好活在當下。

（3－14）

216

Φ

## 人生何其短暫

我們的體內究竟是什麼模樣？人是如何變老？又是如何死去，終至腐敗呢？

無論是讚美者還是被讚美的人，無論是緬懷者還是被緬懷的人，人生都一樣短暫，只占這世界的小小一隅。明明如此，身處這世界的人卻無法彼此和諧共生，就連跟自己也無法好好相處。

說穿了，地球也不過是宇宙的一點星辰。

（8－21）

217

Φ

# 只有不成熟的人才會恐懼死亡

何謂死亡？當我們能夠正視死亡、抽象看待死亡，由此聯想並邏輯性地分析，便能明白死亡不過是一種自然運作的模式。不僅如此，還是不可或缺的東西。

只有不成熟的人才會恐懼死亡。

（2－12）

218

ϕ

## 不對死亡感到膽怯

死亡如同新生，都是一種自然奧祕。是多個元素結合後，再次分解成多個同樣的元素。

無論是誰，都不須對死亡感到膽怯，因為死亡既不違反理性，也不違背人類本性。（4－5）

219

ф

## 死亡何時降臨都一樣

即便神告知你：「你明天會死，或是後天肯定會死。」除非你是個卑鄙小人，否則你根本不必在意自己的死期，畢竟這有什麼差別呢？

也不要總是焦慮自己到底什麼時候會死，或是擔憂自己明天是否安然於世。

（4－47）

220

ф

## 有活著的一天，就有死亡的一刻

請不時想想。

有多少醫師小心翼翼地告訴患者癌末後，自己也告別人世。

有多少占星師預言別人的死期後，自己也去了另一個世界。

有多少哲學家熱烈議論生死問題後，也走上黃泉路。

有多少英雄殺害數千人後，也難逃一死。

有多少暴君自以為長生不死，施暴於民、草菅人命，最後也只剩一副枯骨。

又有多少城市像龐貝城那樣歷經火山浩劫，就此灰飛煙滅*。

例子多到不勝枚舉。

（4—48）

*西元七十九年，因維斯威火山爆發，整座城市被火山灰覆蓋。

221

ゆ

## 滿足地走完這趟稱為人生的旅程

想想你認識的人們也是一個接一個地告別人世。送走別人後，自己也在別人的送別下離開人世，一切只在須臾之間，讓我們明白人是多麼渺小的存在。

昨日還是一滴精液，明日就變成木乃伊或是化為灰燼，時間雖然短暫，也要順應自然而活，滿足地走完這趟稱為人生的旅程。宛如一顆熟透的橄欖，在落地之際讚美自然，感謝滋養它的樹木。

（4—48）

222

Φ

## 死亡也是生命的一段過程

無論你是覺得寒冷還是炎熱，是昏昏欲睡還是活力十足，是遭人批評還是深受讚美，是瀕臨死亡還是其他情形，只要你善盡職責，身處什麼樣的情形都不重要。

死亡也是生命的一段過程，只要善盡職責，好好面對死亡就足夠了。

（6－2）

223

ф

## 無須畏懼死亡

畏懼死亡的人肯定也害怕失去的感覺，或是抗拒新事物的到來。如果死後沒了感覺，也就感受不到任何痛苦與恐懼了。相反的，當你有了另一種感覺，意味著你將蛻變，重獲新生。

（8—58）

224

Φ

## 迎接死亡到來

不要輕蔑死亡，要迎接死亡到來，因為死亡也是一種自然法則，就和人一生由年輕到老，從茁壯到成熟，長牙、長鬍子、冒出白髮；享受性愛，進而懷孕、生產的過程是一樣的。

因此，我們不能忽視死亡，也不該為此焦慮，更不該輕蔑看待。對於喜歡思考的人來說，靜待死亡的到來是一件再自然不過的事。

就如同你期待新生命的到來一樣，你的靈魂也終有脫離身體的一天。（9－3）

225

ტ

## 從容面對死亡

如果你需要聽些娓娓道來，撫慰心靈的話語，如果你希望自己能從容面對死亡，不妨觀察那些即將消逝的事，那些早已與你無關的人。

當然，你不需要對他們發脾氣，只要依舊關心、包容他們就行了。畢竟離去的人都是些和你不投契的傢伙，真正心靈相契的人，總有挽留的理由。

現在你明白別將時間浪費在處不來的人身上，那麼你八成會說：「死亡啊！快來吧！趁我現在還沒迷失之前。」

（9－3）

226

Φ

## 每次步入人生下一個階段就像死過一次

就某種意思來說，當一個人的活動力停止，思維與情感停擺時，其實皆與死亡無異，卻絕非壞事。

想想自己的一生吧。

從幼少期到少年期，再從青年期到中高年期，每次步入人生下一個階段就像死過一次，所以這有什麼好害怕的呢？

再想想你和祖父、母親、養父*一起度過的時光。當你發現許多變化、歧異與停滯不前時，不妨問問自己：「這有什麼好害怕的呢？」無論是人生告一段落，人生被迫中斷，還是人生起了什麼變化，你都不必害怕。

（9－21）

*皇帝安東尼努斯・庇烏斯的養子，後來與安東尼努斯・庇烏斯的女兒結褵。

227

ф

## 世上一切都會消失，無法長久

你觸目所及的一切很快就會消失，而目睹一切消失的人也會隨之逝去。不管是長命百歲的人，還是早夭之人，終將一死。

（9－33）

228

ф

## 死亡也是一項自然法則

一個人臨終時，總有人會在心裡暗暗高興，即便再怎麼賢良誠實的人也不例外。

如果你無法放下，就無法心情平靜地離世，你很難不感慨：「我就要離開這世界了。我為身邊眾人如此努力、為他們祈願、關照他們，卻連這些人都不會為我的死而哀傷，反而期待在我死去後能得到什麼好處。……」

不過請你不要因此懷恨在心，請友善、慈愛地對待他們直到你嚥下最後一口氣。你們並不會因為死亡而離散，平靜逝去的靈魂將有如蛻變成蝴蝶般展翅翩飛。

其實，死亡也是一項自然法則。

（10—36）

229

Φ

## 從容面對死亡這件事

當靈魂離開肉體時，哪怕是就此消失、離散或依舊存在，最難能可貴的都是其中有所覺悟的靈魂！

這般覺悟是出自自身的深思熟慮，而非為了反抗外在的眼光或壓力。這種從容絕對偽裝不來，否則也無法說服他人。

（3－7）

230

ф

## 生命終結並非壞事

無論是什麼行為，只要適時畫下句點，就不會招致不好的下場。施以這項行為的人只要懂得適時收手，就不會惹禍上身。

我們的人生也是由許多行為構成，只要這些行為都能適時結束，人生就能安穩平順。當然，沒有人希望這輩子總是脫離常軌，反其道而行。或許當你步入遲暮之年，許多行為便取決於你的本性。

宇宙會不斷交替變化，得以保持生生不息，凡是有益於宇宙的事必然美好又切合時宜。

無論對誰而言，生命終結都並非壞事。

（12—23）

231

中

## 人生的精采與否不在於壽命長短

我說你啊，你已經是「宇宙」這個偉大國家的一分子。所以活個五年、百年，有何差異呢？在宇宙法則之前，人皆平等。

將你驅逐出「宇宙」這國家的不是暴君，也不是不公不義的法官，而是將你送進這世間的「自然」，那就不是什麼痛苦的事了，不是嗎？好比導演找來演員演戲，也能叫演員下臺。也許你會說：「這齣戲一共五幕，我才演了三幕！」

「話是沒錯，但光這三幕戲就足以成就一齣人生大戲。所以心平氣和地下臺一鞠躬吧！這麼一來，當你離開這世界時，他人也會覺得寬慰。」

（12－36）

# 參考文獻


- 神谷美惠子譯，兼利琢也註解（二〇〇七）。馬可斯・奧里略・安尼烏斯沉思錄。東京：岩波書店。（初版一九五六）
- 鈴木照雄譯（二〇〇六）。馬可斯・奧里略・安尼烏斯沉思錄。東京：講談社。
- 水池宗明譯（一九九八）。馬可斯・奧理略・安尼烏斯沉思錄（西洋古典叢書）。京都：京都大學學術出版會。
- 草柳大藏譯（一九八五）。安尼烏斯不動心——向賢帝學習自我鍛鍊的書。東京：三笠書房。
- Marcus Aurelius (C.R Haines, trans. 1916,1930). The *Communings with Himself of MARCUS AURELIUS,Emperor of Rome.* Massachusetts:Harvard University Press.（*希臘文原文與英文對譯版）
- Emperor of Rome Marcus Aurelius. (George Long, trans. 1862 Kindle Edition) *Thoughts of Marcus Aurelius Antoninus*.（*譽為最具權威性的英文版）
- Marcus Aurelius. (Gregory Hays, trans. 2002) Meditations: *A New Translation*. New York:Random House Publishing Group.（*最新英文版）

# 相關書籍


- 荻野弘之（二〇〇九）。沉思錄——精神的城牆。東京：岩波書店。
- 南川高志（一九九八）。羅馬五賢帝——「光輝世紀」的虛像與實像。東京：講談社。
- 塩野七生（二〇〇七）。羅馬人的故事（29-31）結束的開始（上）、（中）、（下）。東京：新潮社。
- 古島哲明（二〇〇五）。作為現代思想的希臘哲學。東京：筑摩書房。
- 傅柯（二〇〇四）。自己的科學技術。東京：岩波書店。
- 萊恩・霍利得（二〇一七）。斯多葛派哲學入門——讓成功人士為之風靡的思考術。東京：Pan Rolling社。
- Donald Roberson(2018). *Stoicism and the Art of Happiness(Teach Yourself)*. London:John Murray.

心靈方舟 4022

# 沉思錄・自我對話的力量

## 哲學家皇帝在艱難時刻依然自信堅定的心靈思索

**超訳 自省録 よりよく生きる**

作　　者　馬可斯・奧理略・安東尼努斯（Marcus Aurelius Antoninus）
編 譯 者　佐藤賢一
翻　　譯　楊明綺
書封設計　井十二設計研究室
內文版型　楊廣榕
編輯協力　徐采琪
責　　編　盧羿珊（初版）、錢滿姿（二版）
行銷主任　許文薰
總 編 輯　林淑雯

出 版 者　方舟文化／遠足文化事業股份有限公司（讀書共和國出版集團）
發　　行　遠足文化事業股份有限公司
地　　址　23141 新北市新店區民權路 108-2 號 9 樓
電　　話　(02)2218-1417
傳　　真　(02)8667-1851
劃撥帳號　19504465
戶　　名　遠足文化事業有限公司
客服專線　0800-221-029
E-MAIL　service@bookrep.com.tw
網　　站　http://www.bookrep.com.tw/newsino/index.asp
排　　版　菩薩蠻電腦科技有限公司
製　　版　軒承彩色印刷製版有限公司
印　　刷　通南彩印股份有限公司
法律顧問　華洋法律事務所｜蘇文生律師

方舟文化 官方網站
方舟文化 讀者回函

定　　價　420 元
初版一刷　2020 年 5 月
二版三刷　2024 年 7 月

**超訳 自省録 よりよく生きる**
CHOYAKU JISEIROKU YORIYOKU IKIRU
Copyright © 2019 by Kenichi Sato
Original Japanese edition published by Discover 21, Inc., Tokyo, Japan
Complex Chinese edition published by arrangement with Discover 21, Inc
初版書名：超譯沉思錄
特別聲明：有關本書中的言論內容，不代表本公司／出版集團之立場與意見，文責由作者自行承擔。
缺頁或裝訂錯誤請寄回本社更換。
歡迎團體訂購，另有優惠，請洽業務部（02）22181417#1121、1124
有著作權・侵害必究

國家圖書館出版品預行編目 (CIP) 資料

沉思錄 · 自我對話的力量：哲學家皇帝在艱難時刻依然自信堅定的心靈思索 / 馬可斯 . 奧理略 . 安東尼努斯 (Marcus Aurelius Antoninus) 著 ; 楊明綺譯 . -- 二版 . -- 新北市 : 方舟文化出版 : 遠足文化發行 , 2023.04
面； 公分 . -- ( 心靈方舟 ; 4022)
譯自 : 超訳自省録 : よりよく生きる
ISBN 978-626-7095-54-6( 平裝 )

1. 安東尼 (Antoninus, Marcus Aurelius, 121-180) 2. 學術思想 3. 哲學

141.75 111009069